DESCRIPTION

DU CHATEAU

DE PIERREFONDS

PAR

M. VIOLLET-LE-DUC
ARCHITECTE DU GOUVERNEMENT

TROISIÈME ÉDITION

PARIS
A. MOREL ET Cie, ÉDITEURS
RUE BONAPARTE, 13

Vue des ruines du château de Pierrefonds.

DESCRIPTION

DU CHATEAU

DE PIERREFONDS

PAR

M. VIOLLET-LE-DUC

ARCHITECTE DU GOUVERNEMENT

TROISIÈME ÉDITION

PARIS

A. MOREL ET Cie, ÉDITEURS

RUE BONAPARTE, 13

1863

DESCRIPTION

DU

CHATEAU DE COUCY

PAR

M. VIOLLET-LE-DUC

Brochure in-8. — Prix : 1 fr. 25 c.

Paris. — Imprimerie de E. MARTINET, rue Mignon, 2.

DESCRIPTION

DU CHATEAU

DE PIERREFONDS

Le château actuel de Pierrefonds ne date que des premières années du XVe siècle. L'ancien château s'élevait sur le coteau situé au-dessus du prieuré, au point où se voit aujourd'hui une ferme d'une assez grande étendue. Ce premier château avait été construit avec les débris d'une maison royale située au chêne Herbelot, et qui, dans les anciennes chroniques, est nommée *Palladium casuum*. En l'an 855, le roi Charles le Chauve y passa quelque temps. Cette résidence ayant été détruite, les châtelains du *Chêne* choisirent un lieu propre à être fortifié, et assirent la nouvelle forteresse au-dessus du prieuré. Les biens de la maison du *Chêne* furent partagés entre les seigneurs de Bérogne et de Pierrefonds. Nivelon Ier trouva les choses en cet état lorsqu'il hérita de la seigneurie de Pierrefonds, par suite de la mort de son père,

Ce seigneur rebâtit l'église du prieuré (1) (paroisse actuelle du bourg), accrut singulièrement son domaine, et la seigneurie de Pierrefonds fut érigée en pairie. Du temps de Philippe-Auguste, le nombre des pairs, seigneurs de Pierrefonds, dépassait soixante. Cette ancienne maison s'éteignit par la mort d'Agate de Pierrefonds, et les grands biens de cette dame furent divisés en trois parts : les Cherisis eurent la première, les Châtillon la seconde, et les descendants de Jean Ier de Pierrefonds, fils de Nivelon Ier, la troisième. Philippe-Auguste acheta de Nivelon, évêque de Soissons, en 1181, tous les droits seigneuriaux que ce prélat possédait par suite du partage, et il installa, pour régir le domaine, des prévôts qui exerçaient en même temps les fonctions de juges et de receveurs. En 1215, le roi abandonna aux religieux de Saint-Sulpice une grande partie des bâtiments du château, et augmenta leurs priviléges. Depuis lors, jusqu'aux dernières années du XIVe siècle, il n'est fait nulle mention du château et du domaine de Pierrefonds dans l'histoire.

En 1390, Louis, duc d'Orléans, frère du roi Charles VI, se prétendant frustré de ses droits de régent ou de tuteur des affaires du royaume, songea à prendre ses sûretés. Il fit bâtir dans son duché de Valois des places fortes importantes ; il acquit le château de Coucy et le rebâtit en partie ; fit réparer ceux de Béthisy et de Crespy ; fit reconstruire celui de la Ferté-Milon, le petit château de Véez, le manoir de la Loge-Lambert, et, laissant les religieux de Saint-Sulpice jouir paisiblement du vieux domaine de Pierrefonds, il choisit une nouvelle assiette plus facile à défendre, entre deux

(1) Il ne reste des constructions de l'église bâtie par Nivelon que des soubassements et une crypte. Nivelon Ier mourut vers 1072.

vallons, pour élever le magnifique château que l'on admire aujourd'hui.

La bonne assiette du lieu n'était pas la seule raison qui dût déterminer le choix du duc d'Orléans.

Si l'on jette les yeux sur la carte des environs de Compiègne, on voit que la forêt du même nom est environnée de tous côtés par des cours d'eau, qui sont : l'Oise, l'Aisne, et les deux petites rivières de Vandi et d'Automne.

Pierrefonds, appuyé à la forêt vers le nord-ouest, se trouvait ainsi commander un magnifique domaine, facile à garder sur tous les points, ayant à sa porte une des plus belles forêts des environs de Paris. C'était donc un lieu admirable, pouvant servir de refuge et offrir les plaisirs de la chasse au châtelain. La cour de Charles VI était très-adonnée au luxe, et parmi les grands vassaux de ce prince, Louis d'Orléans était un des seigneurs les plus magnifiques, aimant les arts, éclairé, ce qui ne l'empêchait pas d'être plein d'ambition et d'amour du pouvoir ; aussi voulut-il que son nouveau château fût à la fois une des plus somptueuses résidences de cette époque, et une forteresse construite de manière à défier toutes les attaques.

Monstrelet en parle comme d'une place du premier ordre et d'un lieu admirable.

En 1411, lorsque après l'assassinat du duc d'Orléans, les partisans du prince étaient poursuivis, à l'instigation du duc de Bourgogne, le malheureux Charles VI envoya le comte de Saint-Pol en Valois pour prendre possession des places de son neveu. Après la reddition de Crespy, le comte de Saint-Pol « s'en alla au chastel de Pierrefonds, dit Monstrelet, qui » estoit moult fort deffensable et bien garny et remply de

» toutes choses appartenans à la guerre : et luy là venu se » print à parlementer avec le seigneur de Boquiaux qui en » estoit capitaine : et enfin fut le traicté faict parmy ce que » ledit comte luy feit donner pour ses fraiz par le roy deux » mille escus d'or, et avec ce emportèrent luy et ses gens » tous leurs biens. » Plus tard, le château fut rendu au duc Charles d'Orléans, et Boquiaux en reprit le commandement. Le comte de Saint-Pol n'abandonna la place toutefois qu'en y mettant le feu. Le duc d'Orléans répara les dommages.

En 1420, le château de Pierrefonds, dont la garnison était dépourvue de vivres et de munitions, ouvrit ses portes aux Anglais. Nous voyons qu'en 1422 cette place tenait pour le dauphin. Pierre de Fenin raconte comme quoi le seigneur d'Offemont, ayant rendu la ville de Saint-Riquier au duc Philippe de Bourgogne, en échange du seigneur de Conflans, de messires Rigaut de Fontaines, Gilles de Gamache, Pothon de Xaintrailles et Loys Burnel, s'en alla à « Pierrefois (Pierrefonds), qui pour lors estoit en sa main ». Or le seigneur d'Offemont tenait le parti du dauphin. Louis XII, étant duc d'Orléans, fit faire quelques réparations au château de Pierrefonds ; toutefois il est à croire que ces derniers travaux ne consistaient guère qu'en ouvrages intérieurs, en distribution d'appartements, car la masse imposante des constructions appartient tout entière au commencement du XVe siècle.

Le château de Pierrefonds, dont on voit le plan, fig. 1, au niveau du rez-de-chaussée de la cour, est à la fois une forteresse du premier ordre et une résidence renfermant tous les services destinés à pourvoir à l'existence d'un grand seigneur et d'une nombreuse réunion d'hommes d'armes. Séparé du

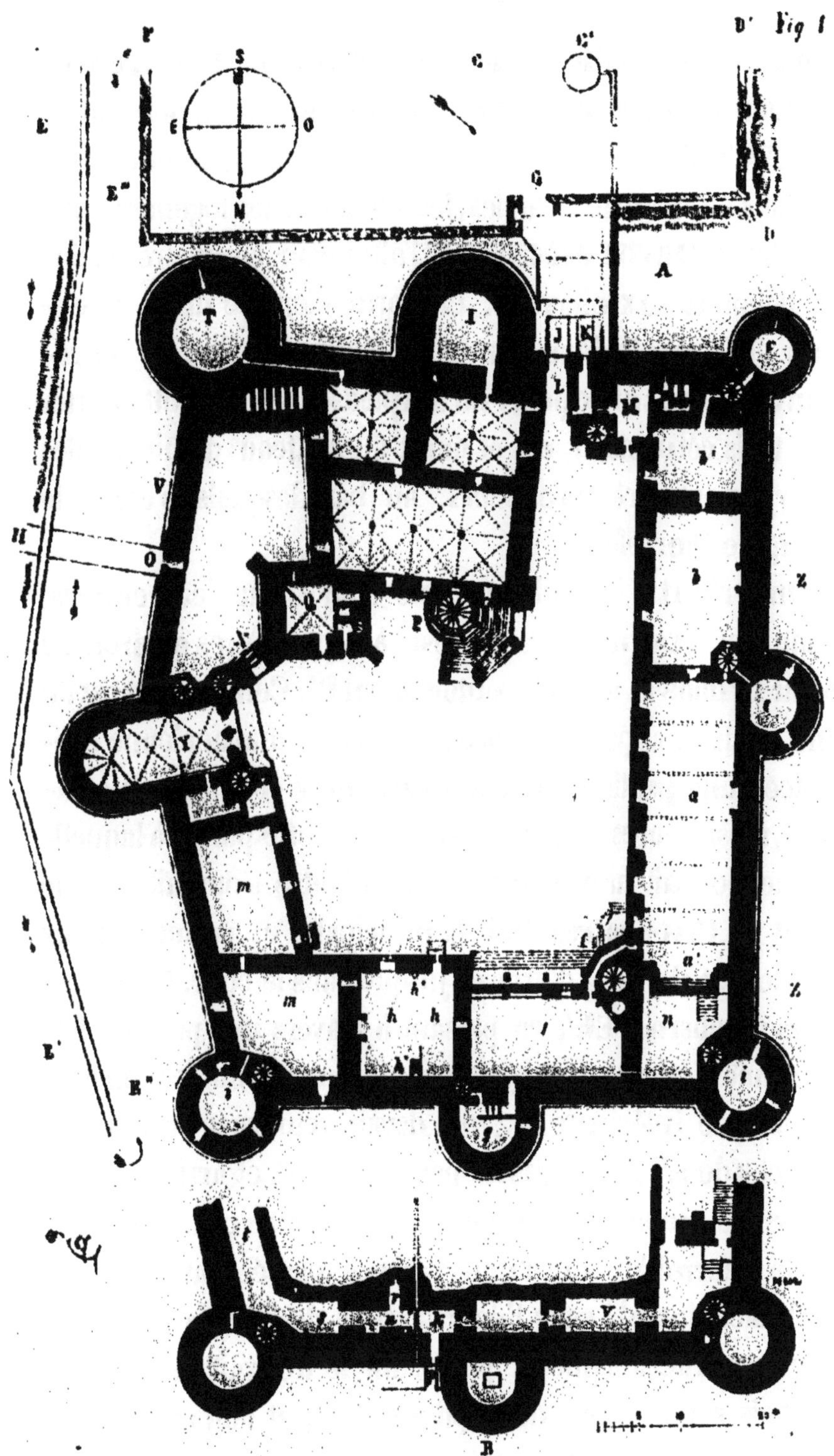

Fig. 1.—Plan du château de Pierrefonds.

plateau à l'extrémité duquel il est assis par un fossé A creusé de main d'homme dans le roc et dallé avec soin, son entrée principale G est précédée d'une basse-cour C, autour de laquelle s'élevaient les écuries, les étables et les logements des serviteurs. On voit encore en C' l'abreuvoir circulaire destiné au bétail et aux chevaux. La porte d'entrée de la basse-cour était percée dans le mur de clôture de l'est F ; on retrouve encore sur ce point un des pieds-droits de cette porte. Les trois côtés nord, est et ouest du château dominent des escarpements très-prononcés, au bas desquels s'étend le bourg de Pierrefonds.

On arrivait à la baille ou basse-cour C par deux entrées, l'une qui s'ouvrait vers l'ouest, à cent mètres environ du point D, dans le mur de soutenement D'. Cette entrée est du XIIIe siècle et appartenait probablement à une ancienne résidence ; une partie du chemin pavé qui y conduit existe encore, ainsi que les deux pieds-droits de cette porte, à laquelle on ne pouvait arriver qu'à pied. L'autre s'ouvrait vers le point E. Cette entrée était la principale, et permettait aux chariots et chevaux d'arriver jusque dans la cour. On suivait alors un chemin EE', en passant à travers une poterne fort ancienne H, dont le parapet était mis en communication avec la poterne intérieure O ; on devait retourner le long du château de E'' en E''', passer par la porte F, et arriver devant l'ouvrage avancé G. Cet ouvrage avancé se compose d'une porte charretière et d'une poterne percée latéralement. L'obstacle franchi sous l'énorme tour du donjon qui commande verticalement la porte, on se trouvait sur un pont de bois soutenu par deux piles isolées, et l'on arrivait aux ponts-levis J et K de la porte et de la poterne.

Outre les ponts-levis, le couloir d'entrée L était muni de deux portes et d'une herse tombant en arrière de la petite porte du corps de garde M.

Ce corps de garde occupait le rez-de-chaussée d'une tour de guet carrée, munie de son petit escalier particulier et de ses latrines N à tous les étages ; car la partie inférieure encore existante de ces latrines, dont la fosse est conservée, montre les languettes séparatives de plusieurs chutes. Par elle-même, cette entrée est bien défendue ; et la porte charretière de la défense extérieure étant ouverte, il était impossible à des gens placés dans la basse-cour de voir ce qui se passait dans la cour intérieure du château. Mais ce qui vient surtout rendre cette entrée difficile à forcer, c'est la grosse tour I du donjon, dont les murs, d'une épaisseur considérable (4m,60), ne sont au rez-de-chaussée percés d'aucune ouverture, et dont les mâchecoulis supérieurs devaient permettre d'écraser les assaillants qui se seraient emparés, soit du pont, soit du fossé. La tour I se relie au donjon proprement dit, de forme carrée, divisé en plusieurs salles, et qui par sa position commande au loin les deux seuls points accessibles du château, c'est-à-dire ses faces sud et sud-est. Mais la construction du donjon mérite d'être examinée avec soin, d'autant mieux que ce logis diffère de ceux des XIIe et XIIIe siècles.

A Pierrefonds, le donjon est non-seulement le point principal de la défense, c'est encore l'habitation seigneuriale, construite avec recherche et contenant un grand nombre de services propres à rendre ses appartements agréables. Il se compose d'un étage de caves, d'un rez-de-chaussée voûté dont nous donnons le plan, qui ne pouvait servir que de magasins, de dépôt de provisions, et de trois étages de salles munies de cheminées. A chaque étage, la disposition était pareille à celle du rez-de-chaussée; mais les salles, séparées par des planchers, ne possédaient plus les colonnes que nous voyons sur le plan. De la salle principale des étages supérieurs, à laquelle on arrivait par le grand escalier P, on communiquait à la tour carrée Q, par un passage pratiqué dans l'angle de jonction; ces salles principales étaient éclairées chacune par deux larges et hautes fenêtres percées dans le mur oriental de chaque côté des cheminées, par des fenêtres ouvertes des deux côtés de l'escalier, et par une grande claire-voie percée dans le mur occidental. Ce donjon était couvert par deux combles, avec chéneau intermédiaire sur le mur de refend, qui le coupe de l'est à l'ouest. Deux pignons à l'est et deux pignons à l'ouest fermaient ces deux combles.

Nous reviendrons tout à l'heure aux dispositions intérieures de ce donjon.

Les autres parties du château de Pierrefonds ne sont pas moins intéressantes à observer. La grand'salle était en *a*, couverte par une charpente lambrissée avec entraits apparents, suivant l'usage; une large cheminée la chauffait; elle était éclairée par de grandes lucarnes s'ouvrant du côté extérieur, dans le comble lambrissé, et du côté de la cour, probablement par des fenêtres percées dans le mur à quelques mètres au-dessus du sol. La grand'salle était en communication avec une seconde salle *b*, également chauffée par une cheminée. De cette salle *b* on parvenait à la tour du coin *c* en passant par une troisième salle *b'*. La construction de cette tour est exceptionnelle, et nous pensons qu'on peut la regarder comme destinée aux *oubliettes*.

Il n'est pas un château dans lequel les *guides* ne nous fassent voir des oubliettes, et généralement ce sont les latrines qui sont décorées de ce titre, et que l'on suppose avoir englouti des victimes humaines sacrifiées à la vengeance des châtelains féodaux ; mais cette fois il nous paraît difficile de ne pas voir de véritables *oubliettes* dans la tour sud-ouest du château de Pierrefonds. Au-dessous du rez-de-chaussée est un étage voûté en arcs ogives ; et au-dessous de cet étage, une cave d'une profondeur de 7 mètres, voûtée en calotte elliptique. On ne peut descendre dans cette cave que par un œil percé à la partie supérieure de la voûte, c'est-à-dire au moyen d'une échelle ou d'une corde à nœuds ; au centre de l'aire de cette cave circulaire est creusé un puits qui a 10 mètres de profondeur, puits dont l'ouverture de 1m,60 de diamètre correspond à l'œil pratiqué au centre de la voûte elliptique de la cave. Cette cave, qui ne reçoit de jour et d'air extérieur que par une étroite meurtrière, est accompagnée d'un siége d'aisances pratiqué dans l'épaisseur du mur. Elle était donc destinée à recevoir un être humain, et le puits creusé au centre de son aire était probablement une tombe toujours ouverte pour les malheureux que l'on voulait faire disparaître à tout jamais.

Ce qui viendrait appuyer encore notre opinion, c'est que la grand'salle *a* servait, suivant l'usage, de tribunal (son parquet était placé en *a'*). Les justiciables cités devant le tribunal du seigneur étaient introduits par le corps de garde M dans la salle d'attente *b*, sans pouvoir circuler dans la cour du château.

C'était là, en effet, un point important, aucune personne étrangère à la garnison ne devant, à cette époque, pénétrer dans les cours ou logis d'un château, à moins d'une permission spéciale. Après avoir subi la question dans la tour *e* joignant la grand'salle, si les accusés étaient reconnus coupables, ils étaient ramenés devant la tribune *a'* pour entendre prononcer leur condamnation, et de là entraînés dans la tour du coin *c*, pour y être enfermés, soit dans la salle du rez-de-chaussée, soit dans la cave, soit enfin dans le cul de basse-fosse que nous venons de décrire, suivant la rigueur de la peine qu'ils devaient subir. S'ils étaient reconnus innocents, ils sortaient par le corps de garde comme ils étaient entrés, sans pouvoir donner les moindres détails sur les dispositions intérieures du château, puisqu'ils n'avaient vu que le tribunal et ses annexes.

La grand'salle *a* et celles annexes *b* et *b'* occupaient tout le bâtiment en aile au rez-de-chaussée et au premier étage. La tour *e* était munie de cinq étages de défenses, flanquait la courtine et commandait le dehors des lices.

La garnison logeait dans l'aile du nord ; au rez-de-chaussée, les cuisines étaient très-probablement disposées en *l*. Un grand escalier à vis *f* montait aux deux étages de cette aile, au-dessus du rez-de-chaussée. La tour *g* contient de grandes latrines à tous les étages, ce qui indique sur ce point un nombreux personnel. Ces latrines sont ingénieusement disposées pour éviter l'odeur. Elles ont à l'étage inférieur une large fosse avec un massif au centre pour faciliter la vidange, un conduit latéral pour l'extraction des matières, et des tuyaux de ventilation.

Un poste était établi dans les salles *h*. Les deux tours *ii* sont admirables comme construction et dispositions défensives ; tous leurs étages, sauf les caves, sont munis de cheminées. Deux autres salles réservées à la garnison sont situées en *m*. C'était par la salle *n* que l'on descendait aux vastes caves qui s'étendent sous l'aile de l'ouest. Nous donnons en B (fig. 1) le plan de l'étage inférieur de l'aile du nord, au niveau du sol des lices, qui se trouve à 8 mètres en contre-bas du sol de la cour intérieure. En *p* est une poterne fermée seulement par des vantaux. C'était par cette poterne que devaient sortir et rentrer les rondes en cas de siége et avant la prise des lices. Lorsqu'elles voulaient rentrer, les rondes se faisaient reconnaître au moyen d'un porte-voix pratiqué à la gauche de cette poterne, et qui, se divisant en deux branches dans l'épaisseur du mur de refend, correspondait au poste du rez-de-chaussée *h* et *h'*, et au premier étage par le conduit vertical *h''*. Il fallait ainsi que deux postes séparés eussent reconnu la ronde pour faire ouvrir la poterne par des hommes placés dans un entre-sol situé au-dessus de l'espace *k*, à mi-étage. Mais ces hommes n'entendaient pas le mot de passe jeté par ceux du dehors dans le porte-voix, et ne devaient aller ouvrir la poterne, en descendant par un escalier de bois pratiqué en *u*, qu'après avoir reçu des ordres du poste supérieur. D'ailleurs, en cas de trahison, le poste voûté de l'entre-sol, ne communiquant pas avec le rez-de-chaussée au niveau de la cour, n'eût pas permis à l'ennemi de s'introduire dans le château, en admettant qu'il fût parvenu à surprendre ce poste. Une fois la ronde entrée par la poterne *p*, il était nécessaire qu'elle connût les distributions intérieures du château ; car pour parvenir à la cour, il lui fallait traverser le corps de garde situé au-dessus, en *k*, et passer par plusieurs couloirs et escaliers secrets. Si une troupe ennemie s'introduisait par la poterne *p*, trois couloirs se présentaient à elle, dont deux, les couloirs *r* et *s*, sont des impasses, et le troisième *v* une entrée dans des caves fermées ; elle risquait ainsi de s'égarer et de perdre un temps précieux.

Si les dispositions défensives du château de Pierrefonds n'ont pas la grandeur majestueuse de celles du château de Coucy, elles ne laissent pas d'être combinées avec un art, un soin et une recherche dans les détails, qui prouvent à quel degré de perfection étaient arrivées les constructions des places fortes seigneuriales à la fin du XIVe siècle, et jusqu'à quel point les châtelains, à cette époque, se tenaient sur leurs gardes.

Les lices EE'E''Z étaient autrefois munies de merlons, détruits pour placer du canon à une époque plus récente ; elles dominent l'escarpement naturel, qui est de 20 mètres environ au-dessus du vallon. Au sud de la basse-cour, le plateau s'étend de plain-pied en s'élargissant, et se relie à une chaîne de collines en demi-lune, présentant sa face concave vers la forteresse. Cette situation était fâcheuse pour le château, du moment que l'artillerie à feu devenait un moyen ordinaire d'attaque, car elle permettait d'envelopper la face sud d'un demi-cercle de feux convergents. Aussi, dès l'époque de Louis XII, deux boulevards de terre, dont on retrouve encore la trace, avaient été élevés au point de jonction du plateau avec la chaîne de collines. Entre ces forts et la basse-cour, de beaux jardins s'étendaient sur le plateau, et ils étaient eux-mêmes entourés de murs de terrasses avec parapets. Sur les flancs du plateau en question, on voit encore des fragments de ces murs de soutenement, renforcés de contre-forts.

Nous avons vainement cherché les restes des aqueducs qui

devaient nécessairement amener de l'eau dans l'enceinte du château de Pierrefonds. Nulle trace de puits dans cette enceinte, non plus que dans la basse-cour. Les approvisionnements d'eau étaient donc obtenus au moyen de conduits qui allaient recueillir les sources que l'on rencontre sous le sol des collines se rattachant au plateau. Tout ce qui est nécessaire à la vie journalière d'une nombreuse garnison et à sa défense est trop bien prévu ici, pour laisser douter du soin apporté par les constructeurs dans l'exécution des aqueducs ; toutefois, jusqu'à présent, on n'a pu découvrir la trace de ces conduits.

Une vue cavalière restaurée du château de Pierrefonds, prise du côté des lices du nord, fera saisir l'ensemble de ces dispositions (voy. fig. 2, page 17).

Revenons maintenant à l'habitation seigneuriale, au donjon.

Le donjon de Pierrefonds (fig. 3) est voisin de l'entrée principale A du château, et flanque cette entrée de façon à en interdire complétement l'approche. Il possède, en outre, une poterne B, très-relevée au-dessus du sol extérieur. Aussi remplit-il les conditions ordinaires, qui voulaient que tout donjon eût deux issues, l'une apparente, l'autre dérobée. La porte A du château, défendue par un pont-levis, des mâchecoulis, des vantaux, un corps de garde *a*, une herse et une seconde porte barrée, avait, comme annexe obligée à cette époque, une poterne pour les piétons, avec son pont-levis particulier *b* et entrée détournée le long du corps de garde ; de plus, le couloir de la porte était enfilé par une échauguette posée sur le contre-fort C. Pour entrer dans le logis, on trouvait un beau perron D avec deux *montoirs*, puis un large escalier à vis E montant aux étages supérieurs. Une porte bâtarde F donnait entrée dans le rez-de-chaussée voûté, servant de magasin pour les approvisionnements. Par un degré assez large G, de ce rez-de-chaussée on descend dans une cave peu spacieuse, mais disposée avec des niches comme pour recevoir des vins

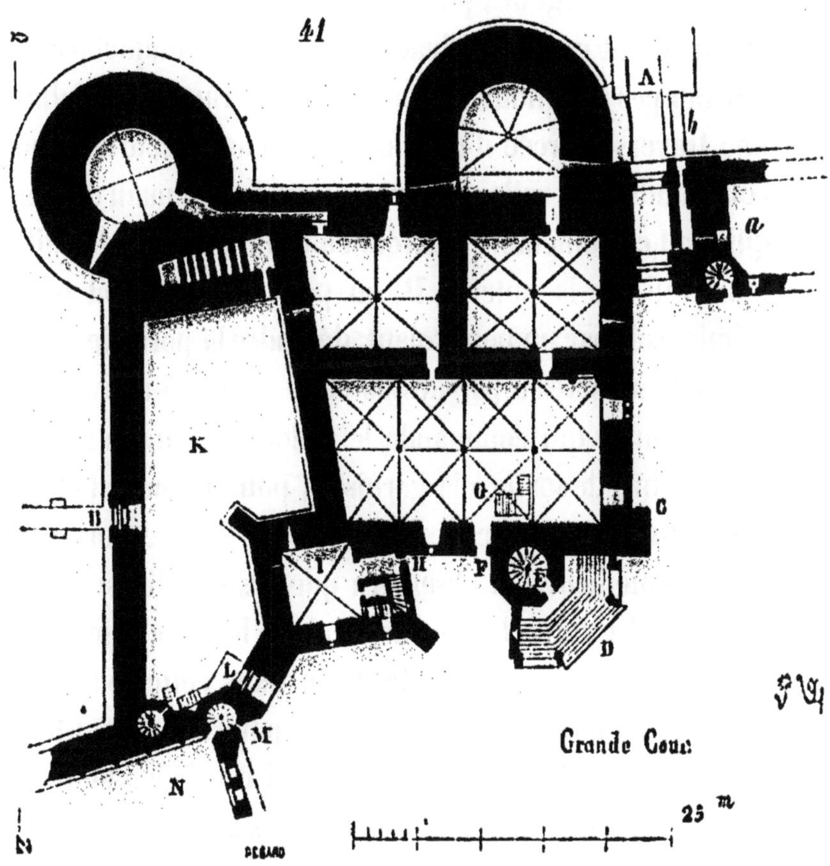

FIG. 3. — Plan du rez-de-chaussée du château de Pierrefonds.

de diverses sortes. Les murs de ce rez-de-chaussée, épais de 3 à 4 mètres, sont percés de rares ouvertures, particulièrement du côté extérieur. Une petite porte H, masquée dans l'angle rentrant de la tour carrée, permet de pénétrer dans la salle voûtée I formant le rez-de-chaussée de cette tour, et de prendre un escalier à rampes droites montant seulement au premier étage. Nous allons y revenir tout à l'heure. La poterne B, munie d'une herse et de vantaux, surmontée de mâchecoulis qui règnent tout le long de la courtine, a son seuil posé à 7 mètres environ au-dessus du sol extérieur, qui, à cet endroit, ne présente qu'un chemin de 6 mètres de largeur ; puis, au-dessous de ce chemin, est un escarpement prononcé, inaccessible, au bas duquel passe une des rampes qui montaient au château, rampe défendue par une traverse percée d'une porte ; de l'autre côté de la porte, commandant le vallon, est une motte faite à main d'homme, qui était certainement couronnée d'un ouvrage détruit aujourd'hui. De la poterne B, on pouvait donc, soit par une trémie, soit par un pont volant, défendre la porte de la rampe du château, passer par-dessus cette porte, et arriver à l'ouvrage avancé qui commande le vallon au loin. La poterne B servait ainsi de sortie à la garnison, pour prendre l'offensive contre un corps d'investissement, de porte de secours et d'approvisionnement. On observera que l'espace K est une cour dont le sol est au-dessous de celui de la cour principale du château, et que, pour s'introduire dans cette cour principale, il faut passer par une seconde poterne L, dont le seuil est relevé au-dessus du sol K, et qui est défendue par une herse, des vantaux et des mâchecoulis avec créneaux. L'escalier M, qui donne dans la chapelle N et dans la cour, monte de fond, et permet d'arriver à la chambre de la herse.

En continuant à monter par cet escalier à vis, on arrive (fig. 4) au-dessus de la chambre de la herse, dans l'étage percé de mâchecoulis ; traversant un couloir, on descend une rampe O, qui vous conduit au premier étage de la tour carrée, d'où l'on peut pénétrer dans les grandes pièces du logis principal, lesquelles se composent d'une vaste salle P en communication directe avec le grand escalier à vis E, de deux salons R avec passage S au-dessus de la porte d'entrée, et de cham-

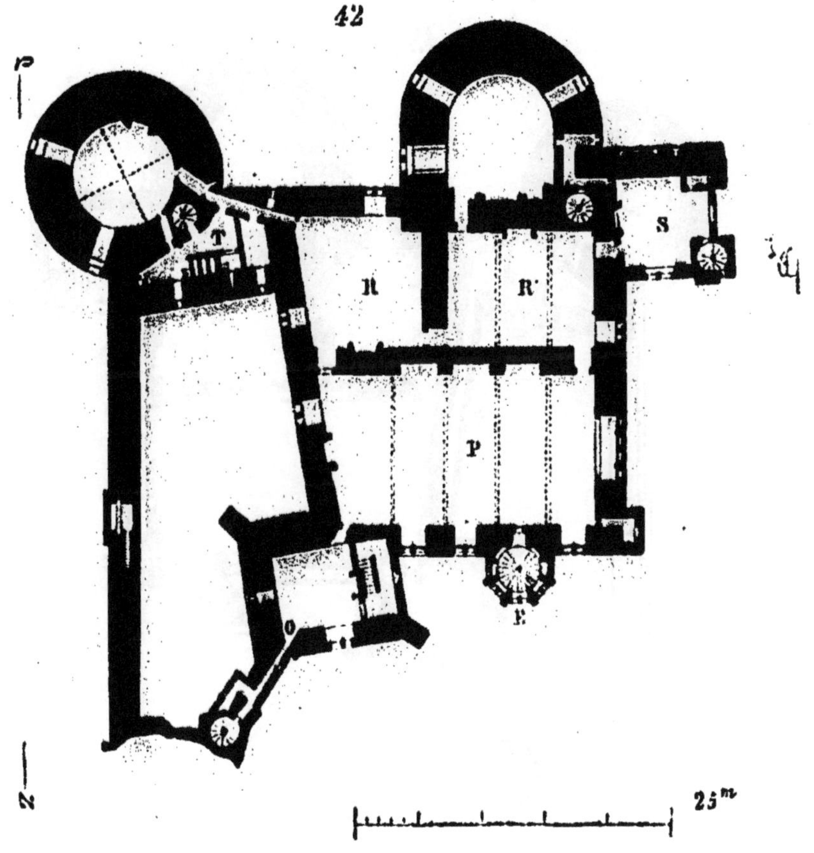

Fig. 4. — Plan du premier étage du donjon.

bres prises dans les deux grosses tours défendant l'extérieur. En T, sont des garderobes, latrines et cabinets. On voit encore en place la belle cheminée qui chauffait la grande salle P, bien éclairée par de grandes fenêtres à meneaux avec doubles traverses. Un second étage était à peu près pareil à celui-ci.

au moins quant aux dispositions générales ; l'un et l'autre ne se défendaient que par l'épaisseur des murs et les flanquements des tours.

Ce n'est qu'au troisième étage que commencent à paraître les défenses (fig. 5). A la base des grands pignons qui fer-

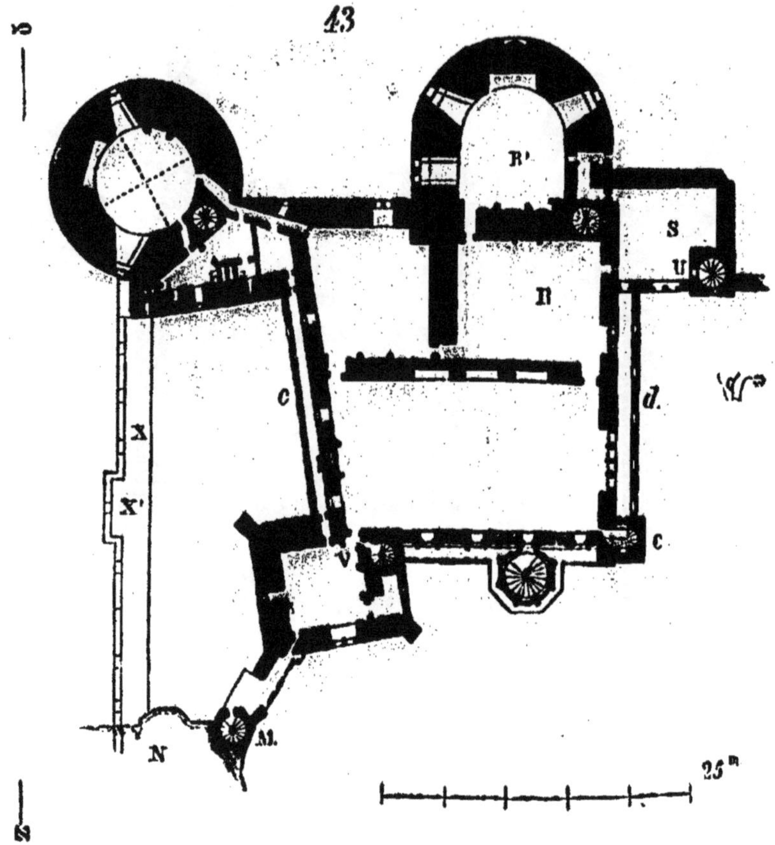

FIG. 5. — Plan du troisième étage du donjon.

ment les couvertures du logis principal, sont pratiqués des mâchecoulis avec crénelages en *c* et en *d*. Les deux grosses tours rondes et la tour carrée continuent à s'élever, se dégagent au-dessus des combles du logis, et sont toutes trois couronnées de mâchecoulis avec meurtrières et crénelages couverts ; puis, au-dessus, d'un dernier parapet crénelé à ciel ouvert à la base des toits. La tour carrée possède en outre sur ses trois contre-forts trois échauguettes flanquantes. A la hauteur du second étage, en continuant à gravir l'escalier M de la poterne, on trouve un parapet crénelé au-dessus des mâchecoulis de cette poterne et une porte donnant entrée dans la tour carrée ; de là on prend un petit escalier à vis V qui monte aux trois derniers étages de cette tour, n'étant plus en communication avec l'intérieur du gros logis. Cependant, de l'étage des mâchecoulis de la tour carrée, on peut prendre un escalier rampant au-dessus de la couverture des grands pignons crénelés du logis principal, et aller rejoindre les mâchecoulis de la grosse tour d'angle, de même que, par l'escalier de l'échauguette C, on peut, en gravissant les degrés derrière les pignons crénelés de ce côté, arriver aux mâchecoulis de la grosse tour proche l'entrée. Sur le front extérieur, ces deux tours sont mises en communication par un parapet crénelé à la base des combles, avec chemin de ronde couvert. Des dégagements et garderobes T, on descendait sur le chemin de ronde X de la grande courtine défendant l'extérieur ; il existait une échauguette X' au-dessus de la poterne. Ce chemin de ronde était aussi en communication avec les chemins de ronde inférieurs de la tour de la chapelle N. De la salle R ou de la tour R', on pouvait communiquer également aux défenses du château du côté sud par les passages pratiqués en S, et redescendre par l'escalier U.

Si l'on a suivi notre description avec quelque attention, il sera facile de comprendre les dispositions d'ensemble et de détail du donjon de Pierrefonds, de se faire une idée exacte du programme rempli par l'architecte. Vastes magasins au rez-de-chaussée avec le moins d'issues possible. Sur le dehors, du côté de l'entrée, qui est le plus favorable à l'attaque, énormes et massives tours pleines dans la hauteur du talus, et pouvant résister à la sape. Du côté de la poterne, courtine de garde très-épaisse et haute, avec cour intérieure entre cette courtine et le logis; seconde poterne pour passer de cette première cour dans la cour principale. Comme surcroît de précaution, de ce côté, très-haute tour carrée enfilant le logis sur deux de ses faces, commandant toute la cour K et aussi les dehors, avec échauguettes au sommet flanquant les faces mêmes de la tour carrée. D'ailleurs, possibilité d'isoler les deux tours rondes et la tour carrée en fermant les étroits passages donnant dans le logis, et de rendre ainsi la défense indépendante de l'habitation. Possibilité de communiquer d'une de ces tours aux deux autres par les chemins de ronde supérieurs, sans passer par les pièces destinées à l'habitation. Outre la porte du château et le grand escalier avec perron, issue particulière pour la tour carrée, soit par la petite porte de l'angle rentrant, soit par l'escalier de la chapelle. Issue particulière de la tour du coin par la courtine, dans laquelle est percée la poterne, et par les escaliers de la chapelle. Issue particulière de la tour de la porte d'entrée par les salles situées au-dessus de cette porte et l'escalier U qui descend de fond. Communication facile établie entre les tours et les défenses du château par les chemins de ronde. Logis d'habitation se défendant lui-même, soit du côté de la cour K, soit du côté de l'entrée du château, au moyen de crénelages et mâchecoulis à la base des pignons. Ce logis, bien protégé du côté du dehors, masqué, flanqué, n'ayant qu'une seule entrée pour les appartements, celle du perron, et cette entrée, placée dans la cour d'honneur, commandée par une des faces de la tour carrée. Impossibilité à toute personne n'étant pas familière avec les distributions du logis de se reconnaître à travers ces passages, ces escaliers, ces détours, ces issues secrètes ; et pour celui qui habite, facilité de se porter rapidement sur quelque point donné des défenses, soit du donjon lui-même, soit du château. Facilité de faire des sorties si l'on est attaqué. Facilité de recevoir des secours ou provisions par la poterne B. sans craindre les surprises, puisque cette poterne s'ouvre dans une première cour qui est isolée et ne communique à la cour principale que par une seconde poterne dont la herse et la porte barrée sont gardées par les gens du donjon. Belles salles bien disposées, bien orientées, bien éclairées ; appartements privés avec cabinets, dégagements et escaliers particuliers pour le service. Certes il y a loin du donjon de Coucy, qui n'est qu'une tour où chefs et soldats devaient vivre pêle-mêle, avec ce dernier donjon, qui, encore aujourd'hui, serait une habitation agréable et commode ; mais c'est que les mœurs féodales des seigneurs du XVe siècle ne ressemblaient guère à celles des châtelains du commencement du XIIIe.

Nous complétons la série des plans du donjon de Pierrefonds par une élévation géométrale de ce logis (fig. 6) prise du côté de la poterne, sur la ligne QZ de ces plans. En A, on voit la grosse tour du coin ; en B, la tour carrée ; entre elles, les deux pignons crénelés des salles ; en C, est la tour de la chapelle, dans laquelle les habitants du donjon pouvaient se rendre directement en passant par la tour carrée et le petit escalier à vis marqué M sur les plans, sans mettre les pieds dehors. On voit la haute courtine de garde, entre la grosse

Fig. 6.—Élévation du donjon.

tour du coin et celle de la chapelle, qui masque la cour isolée K. Au milieu de cette courtine est la poterne relevée qui communiquait avec un ouvrage avancé en passant par-dessus la porte D de la rampe extérieure du château. Comme construction, rien ne peut rivaliser avec le donjon de Pierrefonds ; la perfection de l'appareil, de la taille, de la pose de toutes les assises, réglées et d'une hauteur uniforme de 0^{m},33 (un pied), est faite pour surprendre les personnes qui pratiquent l'art de bâtir. Dans ces murs d'une hauteur peu ordinaire et inégaux d'épaisseur, nul tassement, nulle déchirure; tout cela a été élevé par arasements réguliers ; des chaînages, on n'en trouve pas trace, et bien qu'on ait fait sauter les deux tours rondes par la mine, que les murs aient été sapés du haut en bas, cependant les parties encore debout semblent avoir été construites hier. Les matériaux sont excellents, bien choisis, et les mortiers d'une parfaite résistance. Les traces nombreuses de boiseries, d'attaches de tentures que l'on aperçoit encore sur les parois intérieures du donjon de Pierrefonds, indiquent assez que les appartements du seigneur étaient richement décorés et meublés, et que cette résidence réunissaitles avantages d'une place forte du premier ordre à ceux d'une habitation plaisante située dans un charmant pays. L'habitude que nous avons des dispositions symétriques dans les bâtiments depuis le XVIIe siècle fera paraître étranges peut-être les irrégularités que l'on remarque dans le plan du donjon de Pierrefonds. Mais l'orientation, la vue, les exigences de la défense, exerçaient une influence majeure sur le tracé de ces plans. Ainsi, par exemple, le biais que l'on remarque dans le mur oriental du logis (biais qui est inaperçu en exécution), est évidemment imposé par le désir d'obtenir des jours sur le dehors d'un côté où la campagne présente de charmants points de vue, de laisser la place nécessaire au flanquement de la tour carrée, ainsi qu'à la poterne intérieure entre cette tour et la chapelle ; la disposition du plateau ne permettant pas d'ailleurs de faire saillir davantage la tour contenant cette chapelle, qui est orientée. Le plan de la partie destinée aux appartements est donné par les besoins mêmes de cette habitation, chaque pièce n'ayant que la dimension nécessaire. En élévation, les différences des hauteurs des fractions du plan sont de même imposées par les nécessités de la défense ou de l'habitation.

Mais ce qui doit attirer particulièrement l'attention des visiteurs dans cette magnifique résidence, c'est le système de défense nouvellement adopté à la fin du XIVe siècle. Chaque portion de courtine est défendue à la partie supérieure par deux étages de chemins de ronde, l'étage inférieur étant muni de mâchecoulis, créneaux et meurtrières ; l'étage supérieur sous le comble, de créneaux et meurtrières seulement.

Les sommets des tours possèdent trois, quatre et cinq étages de défenses, un chemin de ronde avec mâchecoulis et créneaux au niveau de l'étage supérieur des courtines, un ou deux étages de créneaux, meurtrières intermédiaires, et un parapet crénelé autour des combles. Si l'on s'en rapporte à une vignette assez ancienne (XVIe siècle), la tour *e* bâtie au milieu de la courtine de l'ouest, vers le bourg, possédait cinq étages de défenses. Une guette très-élevée surmontait celle du coin T. Malgré la multiplicité de ses défenses, le château pouvait être garni d'un nombre de défenseurs relativement restreint, car ces défenses sont disposées avec ordre, les communications entre elles sont faciles, les courtines sont bien flanquées par des tours saillantes et rapprochées. Les rondes peuvent se faire de plain-pied tout autour du château à la partie supérieure, sans être obligées de descendre des tours sur les courtines, et de remonter de celles-ci dans les tours, ainsi que l'on était forcé de le faire dans les châteaux des XIIe et XIIIe siècles.

La figure 7 donne la partie supérieure d'une des tours d'angle, avec les chemins de ronde des courtines et les crénelages à la base des combles.

On remarquera qu'aucune mourtrière n'est percée à la base des tours. Ce sont les crénelages des murs extérieurs des lices aujourd'hui détruits qui seuls défendaient les approches. La garnison, forcée dans cette première enceinte, se réfugiait dans le château, et occupant les étages supérieurs, bien couverts par de bons parapets, elle écrasait les assaillants qui tentaient de s'approcher du pied des remparts.

Bertrand du Guesclin avait attaqué quantité de châteaux bâtis pendant les XIIe et XIIIe siècles, et, profitant du côté faible des dispositions défensives de ces places, il faisait le plus souvent appliquer des échelles le long des courtines basses des châteaux de cette époque ; ayant soin d'éloigner les défenseurs par une grêle de projectiles, il brusquait l'assaut et prenait les places autant par eschelades que par les moyens lents de la mine et de la sape. La description du château du Louvre, donnée par Guillaume de Lorris au XIIIe siècle, dans le *Roman de la rose*, fait connaître que la défense des anciens châteaux des XIIe et XIIIe siècles exigeait un grand nombre de postes divisés, se défiant les uns des autres et se gardant séparément. Ce mode de défense était bon contre des troupes n'agissant pas avec ensemble et procédant, après un

FIG. 7. — Tour nord-est restaurée du château de Pierrefonds.

investissement préalable, par une succession de siéges partiels ou par surprise ; il était mauvais contre des armées disciplinées, entraînées par un chef habile, qui, abandonnant les voies suivies jusqu'alors, faisait sur un point un grand effort, enlevait les postes isolés sans leur laisser le temps de se reconnaître et de se servir de tous les détours et obstacles accumulés dans la construction des forteresses. Pour se bien défendre dans un château du XIIIe siècle, il fallait que la garnison n'oubliât pas un instant de profiter de tous les détails infinis de la fortification. La moindre erreur ou négligence rendait ces obstacles non-seulement inutiles, mais même nuisibles aux défenseurs ; et dans un assaut brusqué, dirigé avec énergie, une garnison perdait ses moyens de résistance à cause même de la quantité d'obstacles qui l'empêchait de se porter en masse sur le point attaqué. Les défenseurs, obligés de monter et de descendre sans cesse, d'ouvrir et de fermer quantité de portes, de filer un à un dans de longs couloirs et des passages étroits, trouvaient la place emportée avant d'avoir pu faire usage de toutes leurs ressources. Cette expérience profita certainement aux constructeurs des forteresses à la fin du XIVe siècle ; ils donnèrent plus de relief aux courtines pour se garantir des eschelades, n'ouvrirent plus de meurtrières dans les parties basses des ouvrages, mais les renforcèrent par des talus qui avaient encore l'avantage de faire ricocher les projectiles tombant des mâchecoulis ; ils mirent les chemins de ronde et courtines en communication directe, afin de présenter, au sommet de la fortification, une ceinture non interrompue de défenseurs pouvant facilement se rassembler en nombre sur le point attaqué et recevant les ordres avec rapidité ; ils munirent les mâchecoulis de parapets solides bien crénelés, et couverts, pour garantir les hommes contre les projectiles lancés du dehors. Les chemins de ronde s'ouvraient sur les salles supérieures servant de logement aux troupes (les bâtiments étant alors adossés aux courtines); les soldats pouvaient ainsi à toute heure et en un instant occuper la crête des remparts.

Le château de Pierrefonds remplit exactement ce nouveau programme. Nous avons fait le calcul du nombre d'hommes nécessaires pour garnir l'un des fronts de ce château : ce nombre pouvait être réduit à soixante hommes pour les grands fronts et à quarante pour les petits côtés. Or, pour attaquer deux fronts à la fois, il faudrait supposer une troupe très-nombreuse, deux mille hommes au moins, tant pour faire les approches que pour forcer les lices, s'établir sur les terre-pleins EE'E", faire approcher les engins et les protéger. La défense avait donc une grande supériorité sur l'attaque. Par les larges mâchecoulis des chemins de ronde inférieurs, elle pouvait écraser les pionniers qui auraient voulu s'attacher à la base des murailles. Pour que ces pionniers pussent commencer leur travail, il eût fallu, soit creuser des galeries de mine, soit établir des galeries de bois ; ces opérations exigeaient beaucoup de temps, beaucoup de monde et un matériel de siége. Les tours et courtines sont d'ailleurs renforcées à la base par un empatement qui double à peu près l'épaisseur de leurs murs, et la construction est admirablement faite en bonne maçonnerie, avec revêtement de pierre de taille. Les assaillants se trouvaient, une fois dans les lices, sur un espace étroit, ayant derrière eux un précipice et devant eux de hautes murailles couronnées par plusieurs étages de défenses; ils ne pouvaient se développer, leur grand nombre devenait un embarras; exposés aux projectiles de face et d'écharpe, leur agglomération sur un point devait être une cause de pertes sensibles; tandis que les assiégés, bien protégés par leurs chemins de ronde couverts, dominant la base des remparts à une grande hauteur, n'avaient rien à redouter et ne perdaient que peu de monde. Une garnison de trois cents hommes pouvait tenir en échec un assiégeant dix fois plus fort pendant plusieurs mois.

Si, après s'être emparé des terrasses, du jardin et de la basse-cour de Pierrefonds, l'assiégeant voulait attaquer le château par le côté de l'entrée, il lui fallait combler un fossé très-profond, enfilé par la grosse tour I du donjon et par les deux tours de coin ; sa position était plus mauvaise encore, car soixante hommes suffisaient largement sur ce point pour garnir les défenses supérieures; et, pendant l'attaque, une troupe faisant une sortie par la poterne *p* allait prendre l'ennemi en flanc dans le fossé, soit par le terre-plein E″E‴, soit par celui Z′. Le châtelain de Pierrefonds pouvait donc, à l'époque où ce château fut construit, se considérer comme à l'abri de toute attaque, à moins que le roi n'envoyât une armée de plusieurs mille hommes bloquer la place et faire un siége en règle.

L'artillerie à feu seule devait avoir raison de cette forteresse, et l'expérience prouva que, même devant ce moyen puissant d'attaque, la place était bonne. Pendant la Ligue, la place de Pierrefonds tenait pour les *Seize*, et était confiée au commandement d'un certain seigneur de Rieulx, gouverneur de Marle, et en dernier lieu de Laon et du château de Pierrefonds (1). Rieulx avait pour proche parent Henri

(1) Voyez, dans la *Satire Ménippée*, le discours de Rieulx.

de Sauveulx ou de Savereulx, prêtre, religieux et chanoine régulier de l'abbaye de Saint-Jean des Vignes de Soissons. Cet Henri de Sauveulx, ayant obtenu la permission de ses supérieurs de prendre les armes pour la *foi*, s'était enfermé à Pierrefonds avec le seigneur de Rieulx. Tous deux tentèrent de surprendre Noyon, et y entrèrent en effet; mais laissés sans secours, Rieulx fut fait prisonnier, pendu, et son parent, étant parvenu à s'échapper, rentra dans son monastère. En 1595, il en sort une seconde fois, toujours autorisé par son prieur, et de plus par un bref personnel du souverain pontife. Le château de Pierrefonds, après le supplice de Rieulx, avait été rendu aux troupes de Henri IV. H. de Sauveulx médite de reprendre la place par surprise, et, en effet, aidé d'un certain Jérôme Dentici, sergent-major (sergeante maïor) dans la légion napolitaine en garnison à Soissons, et d'une vingtaine de ses hommes, il escalade la nuit les murs de la place avec des échelles de cordes et en chasse les huguenots (1). Maître de Pierrefonds, H. de Sauveulx déclare au comte de Fuentès, gouverneur général des provinces belgiques, qu'il tient la place et la veut défendre au nom du roi des Espagnes. Il n'y met aucune condition, bien que le château soit bien à lui, l'ayant pris en légitime guerre, et pouvant, pour le livrer au roi Philippe, en exiger une forte somme *comme bien d'autres ont fait*. Le comte de Fuentès lui envoie, pour y tenir garnison, sept cents Napolitains et trois cents Wallons, et le nomme capitaine et gouverneur de la place.

(1) Ces renseignements inédits nous ont été fournis avec une extrême obligeance par M. d'Harriet, archiviste de l'hôpital de Saint-Louis des Français, à Madrid, fondé par le même de Sauveulx, lorsqu'il se fut réfugié en Espagne. Ils proviennent des archives de cet établissement. M. Prioux est le premier qui nous ait mis sur la voie de ces curieux documents.

H. de Sauveulx fortifie sa conquête, y fait entrer des vivres pour un an, des armes, munitions et artillerie. Il dépense de ses deniers et sur la bourse de ses amis 20 000 ducats pour subvenir à ces préparatifs de défense.

Il est assiégé à trois reprises (1595) par les troupes de Henri IV, essuie d'innombrables coups de canon (1174 en un seul siége), sans que l'ennemi le puisse entamer. Pendant l'un de ces siéges, le duc d'Epernon est blessé, mais H. de Sauveulx, mandé à Cambrai par le comte de Fuentès, tombe dans une embuscade et est pris. Le roi Henri IV, à Péronne, veut le voir et l'engage à se soumettre ; il lui fait offrir, par le comte de Nevers, l'abbaye de Saint-Corneille de Compiègne, et 10 000 couronnes d'or comptant, s'il veut livrer Pierrefonds au roi. H. de Sauveulx refuse tout ; condamné à mort, il parvient à s'évader la veille de la Toussaint (1595), et se réfugie en Belgique. La place de Pierrefonds est alors vendue par les troupes napolitaines 18 000 ducats à Henri IV. H. de Sauveulx fait valoir ses droits à une pension auprès de Philippe III, en récompense des services rendus par lui à sa Majesté Très-Catholique ; il s'adresse aux « très-nobles et » très-illustres consuls, échevins et sénat de Bruxelles, par » son représentant Remy Pavillon, docteur en théologie, afin » d'obtenir qu'une commission soit nommée, laquelle, sur » la déposition de plusieurs nobles français, réfugiés en Bel- » gique, informe sur sa vie, ses mœurs, sa religion et sa no- » blesse. Cette commission, composée d'un échevin et des » secrétaires de la ville de Bruxelles, entend les témoignages » de Mathias la Bruïère, propriétaire civil de Paris, réfugié » depuis cinq ans et demi ; de Michel de Blanon, seigneur » temporel de Charmes, réfugié, autrefois gouverneur de la

» ville de Véli, pensionné de Sa Majesté Très-Catholique ; de » Jean Seillier, receveur général des consignations de la ville » de Paris ; de Jacques de Colas, comte de la Fère, sénéchal » de Montlinar ; de Mathieu de Lannoy, prêtre, docteur en » théologie, chanoine de la cathédrale de Soissons ; de Gas- » pard Darloys, noble écuyer, pensionné par sa Majesté » Très-Catholique ; de Jacques de Brunaulieu, noble français, » réfugié pour la foi. » Sur les dépositions de ces personnages, et d'après un mémoire et une relation dressés, est remise une consultation de sept avocats et neuf théologiens, appuyant les prétentions de H. de Sauveulx, sont rendus divers arrêts royaux, un avis du conseil des finances, etc. (1). H. de Sauveulx passa cinq ans en Belgique au service du roi d'Espagne. Les témoins interrogés à Bruxelles en juin 1600, plusieurs gens de guerre, tous intéressés aux événements, ne font néanmoins nulle mention de la remise de Pierrefonds aux gens du roi de France, par suite de la trahison des Napolitains. Seul, un second document en parle à Madrid, et il est rédigé sous l'inspiration de H. de Sauveulx, mais pas avant le 15 janvier 1600. Il semblerait donc que la place de Pierrefonds demeura cinq ans aux mains des gens du roi d'Espagne ; mais les documents français détruisent cette conjecture.

La consultation des sept avocats et des neuf théologiens comprise dans le deuxième document déclare que le roi d'Espagne devait indemniser *en conscience* le sieur H. de Sauveulx, parce que celui-ci avait perdu une valeur de 300 000 ducats en fournitures de vivres, de munitions et armes, en

(1) Tous ces documents sont déposés en originaux dans les archives de l'hôpital de Saint-Louis des Français, à Madrid.

meubles, joyaux, bénéfices, offices et ventes. Le château seul de Pierrefonds lui valait 10 000 ducats de rente annuelle, car dit le document « c'était une place de telle force et im- » portance, que la charge de gouverneur de Pierrefonds fut » achetée pendant la Ligue 32 000 ducats d'or. » H. de Sauveulx fut nommé en 1601 *capellan des asiento*, chapelain en titre de Castille, aux honoraires de 40 ducats par an. Le 8 février 1596 (étant encore en Belgique), il fut nommé prieur de l'armée aux gages de 1200 ducats par an.

La même année, on lui fit en Flandre 40 écus de recette par mois. En septembre 1600, on lui donna à Madrid 480 sous de pension ecclésiastique annuelle, etc., etc.

H. de Sauveulx mourut dans cette ville en septembre 1633.

La place de Pierrefonds était devenu si redoutable pour tous les environs et jusqu'aux portes de Paris, qu'après la remise du château aux gens du roi de France, le prévôt des marchands et les échevins de Paris adressèrent, le 6 novembre 1595, une circulaire ainsi conçue aux notables des villes de Compiègne, de Crespy et de Meaux (1).

« Messieurs, vous avez entendu la reprise du château de » Pierrefonds et sçavez combien ceste place a apporté d'in- » commodité tant à ceste ville que aultres, et pour mettre fin » à pareils accidens nous sommes requis de plusieurs per- » sonnes supplier le roy ladicte place estre desmolie et » razée, et prévoyons qu'il y pourra avoir quelque empesche- » ment, et d'aultant que ceste affaire vous importe, nous vous

(1) Ce document indique clairement que peu après la fuite de H. de Sauveulx, en Belgique, la place avait été vendue au roi Henri IV par la garnison napolitaine.

» prions voulloir depputer quelques uns des vostres pour
» nous venir trouver et adviser ensemblement les moyens
» pour faire trouver bon à Sa Majesté la démolition de la-
» dicte place, priant Dieu, messieurs, vous donner ce que
» désirez.

» A Paris, au bureau de la ville, le 6 novembre 1595.

» Le prévost des marchands et eschevins de la ville de
» Paris (1). »

Nous n'avons pu découvrir si la démarche fut faite auprès de Henri IV; mais ce qui est certain, c'est que le bon roi ne fit pas démolir le château, qu'il le considéra comme une des résidences royales les plus importantes, et qu'il en fit peindre le plan et la vue extérieure dans la galerie des Cerfs à Fontainebleau.

En 1616, le marquis de Cœuvre, capitaine de Pierrefonds, ayant embrassé le parti des mécontents, le conseil du roi décida que la place serait assiégée par le comte d'Angoulême. Cette fois, elle fut attaquée avec méthode et en profitant de la disposition des collines environnantes. Des batteries, protégées par de bons épaulements qui existent encore, furent élevées sur la crête de la demi-lune de coteaux qui cerne le plateau à son extrémité sud, et sur un petit promontoire du plateau s'avançant dans le vallon du côté du sud-est. Les deux fortins, ayant été écrasés de feux, furent abandonnés par les assiégés; le comte d'Angoulême s'en empara aussitôt, y établit des pièces de gros calibre, et, sans laisser le temps à la garnison de se reconnaître, ouvrit contre la grosse tour du donjon, la courtine sud, la poterne O et les deux tours du

(1) Cette curieuse pièce nous a été communiquée par M. le comte L. de Laborde, directeur général des Archives de l'empire.

coin *c* et T, un feu terrible qui dura deux jours sans relâche. A la fin du second jour, le 1er avril, la grosse tour du donjon s'écroula, entraîna dans sa chute une partie des courtines environnantes. Le capitaine Villeneuve, qui commandait pour le marquis, s'empressa dès lors de capituler ; la place fut évacuée le 2. Ce fut un an après que le conseil du roi Louis XIII, alors âgé de quinze ans, fit entièrement démanteler le château. Voici la lettre du roi au comte d'Angoulême, gouverneur de Compiègne, écrite le 16 mai 1617, reçue le 19 et enregistrée le 22 :

« Mon cousin, ayant encores depuis quelques jours considéré combien il estoit utile pour le bon repos et tranquillité » de mes subjects de la province de l'Ile-de-France que, » conformément à ma première intention, le chasteau de » Pierrefonds feust démolis, et m'estant en mesme tems » souvenu que je vous avois envoyé mes lettres patentes pour » ce faire, j'ay estimé qu'il estoit raisonnable, trouvant le » premier juste et nécessaire, de vous en adresser le second » commandement et de vous depescher ce porteur exprès » pour vous rendre ceste-cy et par le mesme vous asseurer » de la continuation de ma bonne volonté et que je suis » très-certain, puisque c'est chose que je désire, que en toute » diligence et sans aucun délay vous ferez parachever la dé- » molition dudit chasteau, et que je prie Dieu vous avoir, » mon cousin, en sa sainte et digne garde.

» Écrit à Paris, le 16 de may 1617 (1). »

Le comte d'Angoulême exécuta dès lors les ordres du roi. On fit sauter les grosses tours par la mine ; les logements

(1) Renseignements communiqués par M. Pélassy de l'Oulle, bibliothécaire du château impérial de Compiègne.

furent détruits, les planchers et charpentes brûlés, les tours et courtines du nord éventrées à la sape, parce que de ce côté le voisinage immédiat du village ne permettait pas d'employer la mine.

Depuis le commencement de l'année 1858, des travaux considérables de déblaiement, puis de restauration, ont été entrepris au château de Pierrefonds, par ordre de l'empereur Napoléon III.

L'Empereur a reconnu l'importance des ruines de Pierrefonds au point de vue de l'histoire et de l'art. Le donjon et presque toutes les défenses extérieures reprennent leur aspect primitif; ainsi nous pourrons voir bientôt le plus beau spécimen de l'architecture féodale du XVe siècle en France renaître par la volonté auguste du souverain. Nous n'avons que trop de ruines dans notre pays, et les ruines ne donnent guère l'idée de ce qu'étaient ces habitations des grands seigneurs les plus éclairés du moyen âge, amis des arts et des lettres, possesseurs de richesses immenses. Le château de Pierrefonds, rétabli en totalité, fera connaître cet art à la fois civil et militaire qui, de Charles V à Louis XI, était supérieur à tout ce que l'on faisait alors en Europe. C'est dans l'art féodal du XVe siècle en France, développé sous l'inspiration des Valois, que l'on trouve en germe toutes les splendeurs de la Renaissance, bien plus que dans l'imitation des arts italiens.

FIN

EXTRAIT DU CATALOGUE GÉNÉRAL

DE LA MAISON

A. MOREL & Cie, ÉDITEURS

13, rue Bonaparte

(Juin 1863.)

PUBLICATIONS PÉRIODIQUES.

REVUE GÉNÉRALE DE L'ARCHITECTURE, par M. César Daly.

Abonnement annuel :
Paris........................ 40 fr.
Départements................ 45 fr.
20 vol. ont paru. — Prix....... 800 fr.
Le 21e vol. est en cours de publication.

Encyclopédie d'architecture (2e série).

GAZETTE DES ARCHITECTES ET DU BATIMENT, par M. Viollet-le-Duc fils et M. Corroyer, architectes.

Abonnement annuel........... 25 fr.
Etranger..................... 30 fr.
Chacune des années de la 1re série se vend séparément..................... 30 fr.
La 3e année avec supplément.... 35 fr.
Les 12 années ensemble avec carton........................... 315 fr.

L'ART POUR TOUS, par M. E. Reiber.

Prix de l'abonnement annuel.... 18 fr.
La 1re année, 25 numéros, en cartons 10 fr.
La 2e année, 36 numéros, id... 25 fr.

JOURNAL DE MENUISERIE, publié sous la direction de M. Adolphe Mangeant, architecte.

Paris et départements......... 24 fr.
Etranger..................... 28 fr.
L'année, après la publication... 30 fr.

JOURNAL MANUEL DE PEINTURES.

Prix : l'année courante......... 22 fr.
— chaque année publiée.... 25 fr.
Prix des 13 premières années... 325 fr.
La 14e année est en cours de publication.

L'ARCHITECTURE ALLEMANDE AU XIXe SIÈCLE. Abonnement annuel pour la France........................... 24 fr.

PUBLICATION INDUSTRIELLE des machines, outils et appareils les plus perfectionnés et les plus récents employés dans les différentes branches de l'industrie française et étrangère, par M. Armengaud aîné.

Prix de l'abonnement annuel.... 30 fr.
Départements................. 35 fr.
Étranger, port en sus.
Les 13 volumes publiés......... 390 fr.
On peut se procurer ensemble ou séparément chaque volume au prix de 30 fr.
Le 14e volume est en cours de publication.

LE GÉNIE INDUSTRIEL, revue des inventions françaises et étrangères, par MM. Armengaud frères.

Ce recueil date de janvier 1851, et paraît tous les mois par brochures de 56 à 64 pages de texte, avec figures sur bois et planches gravées sur cuivre ; il forme à la fin de chaque année deux beaux volumes in-8. 12 années, soit 24 volumes, sont en vente. On peut se les procurer ensemble ou séparément au même prix que l'abonnement.

Prix : pour Paris, un an....... 16 fr.
— pour les départements, un an........................... 20 fr.

AGENDA SPÉCIAL DES ARCHITECTES ET DES ENTREPRENEURS DE BATIMENTS, publié avec le concours de MM. les architectes, avec tablettes de poche pour tous les jours de l'année, 10 000 renseignements.

Mouton chagrin, doré sur tranches, à pattes. Prix................ 4 fr.
Maroquin chagrin, doré sur tranches, à pattes. Prix............. 5 fr.

L'ORFÉVRERIE FRANÇAISE, LES BRONZES ET LA CÉRAMIQUE, par M. E. Julienne (2e année).

Prix de l'abonnement annuel.... 18 fr.
Les départements............. 20 fr.

OUVRAGES EN COURS DE PUBLICATION

DICTIONNAIRE RAISONNÉ DE L'ARCHITECTURE FRANÇAISE du XIe au XVIe siècle, par M. Viollet-le-Duc.

Prix des 6 volumes publiés, contenant 2839 bois gravés :
1er vol..................... 21 fr.
2e, 3e, 4e vol.............. 24 fr.
5e vol...................... 25 fr.
6e vol...................... 24 fr.
Ensemble................... 142 fr.
Édition de luxe, tirée à 100 exemplaires sur papier jésus, grand in-8°, 6 vol......................... 262 fr.
Les trois volumes qui restent à publier, dont un de tables, paraîtront par fascicules brochés, de 100 pages environ.

DICTIONNAIRE RAISONNÉ DU MOBILIER FRANÇAIS, DE L'ÉPOQUE CARLOVINGIENNE A LA RENAISSANCE, par M. VIOLLET-LE-DUC, architecte du gouvernement.

En vente la première partie : *Meubles*.

1 vol. in-8°, contenant 442 pages de texte, dans lequel sont intercalés plus de 220 bois, 4 vignettes gravées sur acier, 17 gravures sur bois imprimées à part, et 7 chromolithographies.

Prix.......................... 45 fr.

Édition de luxe, tirée à 100 exemplaires, numérotés de 1 à 100, sur papier jésus grand in-8°.

Prix .... 75 fr.

La 2ᵉ partie, qui formera également 1 vol., comprendra les *ustensiles, outils, instruments, orfévrerie, habits, armes*, etc.

ENTRETIENS SUR L'ARCHITECTURE, par M. VIOLLET-LE-DUC, architecte du gouvernement.

La première partie, comprenant les dix premiers entretiens, se compose :

1° D'un volume broché, de 61 feuilles in-8°, dans lequel sont intercalés 97 bois et 10 dessins tirés hors texte.

2° D'un atlas petit in-folio oblong, en carton, contenant 18 planches gravées sur acier.

Prix.......................... 40 fr.

La deuxième partie se composera de 10 à 12 entretiens. Le prix de chaque entretien sera fixé au moment de la mise en vente.

MONOGRAPHIE DU PALAIS DE FONTAINEBLEAU, par M. R. PFNOR. Cette monographie se composera de 75 livraisons. 71 livraisons sont en vente.

Prix de la livraison :

In-folio jésus sur papier blanc............ 4 fr.
— sur papier de Chine.... 5 fr.
In-folio colombier sur papier blanc... 5 fr.
— sur papier de Chine .... 6 fr.

CHOIX DE PALAIS, CHATEAUX, HOTELS ET MAISONS DE FRANCE, DU XVᵉ AU XVIIIᵉ SIECLE, par M. Claude SAUVAGEOT.

2 vol. in-folio, 100 livraisons, à... 2 fr. 25

Une fois l'ouvrage terminé, le prix sera augmenté.

ÉGLISES DE BOURGS ET VILLAGES, par M. A. DE BAUDOT. L'ouvrage se composera de 30 monographies, dont 20 consacrées aux monuments anciens. Chaque monographie sera publiée en une livraison de 5 planches, grand in-4° raisin, accompagnée d'un texte illustré de bois. Ces 30 livraisons formeront 2 vol. de 75 planches chacun.

Prix de la livraison pour les souscripteurs à l'ouvrage complet.................. 4 fr.

Une fois l'ouvrage terminé, le prix sera porté à.................... 140 fr.

MONOGRAPHIE DE L'HOTEL DE VILLE DE LYON, par M. T. DESJARDINS, architecte.

Cette monographie se composera de 40 livraisons.

Prix de la livraison sur quart grand aigle blanc...................... 4 fr.
Exemplaire sur Chine 1/4 aigle.. 5 fr.
Grand format, Chine.......... 6 fr.

MONOGRAPHIE DU PALAIS DU COMMERCE EDIFIÉ A LYON, par M. René DARDEL, architecte.

Cette monographie se composera de 25 livraisons.

Prix de la livraison sur papier quart grand aigle, blanc............... 4 fr.
Exemplaire sur Chine 1/4 aigle.. 5 fr.
Grand format, Chine......... 6 fr.

MONUMENTS D'ARCHITECTURE, DE SCULPTURE ET DE PEINTURE DE L'ALLEMAGNE, par M. FORSTER.

Prix des 4 premiers vol. publiés.. 150 fr.

On vend séparément :

Architecture, 2 vol.............. 80 fr.
Peinture, 1 vol............... 50 fr
Sculpture, 1 vol.............. 50 fr.

DÉCORATIONS INTÉRIEURES ET MEUBLES, par M. ADAMS, architecte.

25 livraisons composées de 4 planches in-folio chacune.

Prix de la livraison............. 4 fr.

ORNEMENTS, VASES, ATTRIBUTS, DÉCORATIONS, par M. PÉQUEGNOT.

50 planches in-4° par volume. 7 volumes sont en vente.

Prix de chaque volume........ 25 fr.

TECHNOLOGIE DU BATIMENT, par M. Th. CHATEAU.

2 vol. in-8°................ 18 fr.
1ᵉʳ vol., publié............. 10 fr.
2ᵉ vol., sous presse.......... 8 fr.

CALQUES DES VITRAUX PEINTS DE LA CATHÉDRALE DU MANS, par M. E. HUCHER. Publiés en 10 livraisons, format grand colombier, composées chacune de 2 feuilles de texte et de 10 planches coloriées avec le plus grand soin.

Prix de la livraison........... 45 fr.

MANUEL GÉOMÉTRIQUE DU TAPISSIER, par M. J. VERDELLET. L'ouvrage se composera d'un atlas in-folio de 63 planches renfermées dans un carton, accompagné d'un volume de texte in-8°, de 320 pages, broché, et sera publié en 20 livraisons, chacune de.......................... 2 fr. 50

PARALLÈLE DES MAISONS DE PARIS, construites depuis 1830 jusqu'à nos jours, publié sous la direction de M. Victor CALLIAT.

2 vol. in-folio de 246 planches gravées sur acier........................ 200 fr.

L'ARCHITECTURE PRIVÉE AU XIXe SIÈCLE, par M. César DALY.

2 vol. in-folio, 60 livraisons à... 4 fr.

BATIMENTS DE CHEMINS DE FER, par M. Pierre CHABAT, architecte.

Prix du 1er volume, composé de 100 planches.................. 70 fr.

Le second volume, en cours d'exécution, se composera aussi de 100 planches, et paraît par livraisons de 5 planches.

Prix de la livraison.......... 3 fr. 50

MOTIFS HISTORIQUES D'ARCHITECTURE ET DE SCULPTURE D'ORNEMENT, pour la composition et la décoration des édifices publics et privés. Choix de fragments empruntés à des monuments français du commencement de la renaissance à la fin de Louis XVI, par M. César DALY, architecte du gouvernement.

Deux volumes in-folio (même format que l'*Architecture privée au* XIXe *siècle*), composés de gravures sur acier ou de chromolithographies à plusieurs couleurs et d'un texte descriptif. Le volume se composera de 25 livraisons; il paraîtra une ou deux livraisons tous les mois.

Prix de la livraison de 4 planches. 6 fr.

Six pages de texte représenteront une planche gravée; une chromolithographie en représentera deux.

Architecture, Construction.

MONOGRAPHIE DU CHATEAU DE HEIDELBERG, dessinée et gravée par M. R. PFNOR. 1 vol. in-folio, composé de 24 planches et de 4 feuilles de texte en carton.

Prix sur 1/4 grand aigle, papier blanc....................... 50 fr.

Prix sur 1/4 grand aigle, papier de Chine...................... 62 fr.

MONOGRAPHIE DE NOTRE-DAME DE PARIS ET DE LA NOUVELLE SACRISTIE, de MM. LASSUS et VIOLLET-LE-DUC, par M. CELTIBÈRE. 1 vol. grand in-folio, 63 planches gravées, 12 photographies et 5 planches en chromolithographie.

Prix...................... 120 fr.

MONOGRAPHIE DE NOTRE-DAME DE BROU, par DUPASQUIER, architecte. Un vol. grand in-folio, contenant 30 planches, dont 10 imprimées en couleurs et d'un texte in-4°, historique et descriptif, par M. DIDRON.

Prix.......... .... 150 fr.

NOTA. Les pierres sur lesquelles les planches en couleur ont été tirées n'existent plus, le prix de l'ouvrage sera plus tard porté à 200 fr.

LES HALLES CENTRALES DE PARIS, par MM. V. BALTARD et F. CALLET, architectes. Cette monographie se compose de 29 planches gravées, grand in-folio, dont 6 doubles de format, et d'un texte même format.

Prix, en feuilles.............. 60 fr.

En 1 vol. relié.............. 70 fr.

ARCHITECTURE CIVILE ET DOMESTIQUE AU MOYEN AGE ET A LA RENAISSANCE, dessinée et décrite par M. Aymar VERDIER et M. le docteur CATTOIS. 2 vol. grand in-4°, composés de 114 planches sur acier et d'un texte illustré de gravures sur bois.

Prix broché................. 100 fr.

Demi-reliure maroquin........ 115 fr.

L'ARCHITECTURE PITTORESQUE EN SUISSE, par MM. A. et E. VARIN. 48 pl. in-folio 1/4 colombier.

Prix, en carton......... .... 45 fr.

LA SAINTE CHAPELLE DE PARIS après les restaurations. Ouvrage exécuté sous la direction de M. V. CALLIAT, avec un texte historique, par M. DE GUILHERMY.

1 vol. in-folio sur jésus, composé de 78 pl.

Prix. . . . . 45 fr.

ÉGLISE SAINT-JACQUES A LIÉGE, par M. J. C. DELSAUX. 1 vol. in-folio.

Prix..................... 25 fr.

ÉGLISE SAINT-EUSTACHE A PARIS, par M. Victor CALLIAT. 11 planches in-folio avec texte.

Prix en feuilles.............. 25 fr.

Cartonné................. 30 fr.

ESSAI SUR L'ARCHITECTURE MILITAIRE AU MOYEN AGE, par M. VIOLLET-LE-DUC. 1 vol. grand in-8° de 250 pages environ, avec 153 gravures sur bois intercalées dans le texte.

Prix............. .... 25 fr.

MAISONS ET CHALETS D'ALLEMAGNE. 36 planches petit in-folio, en carton.

Prix........... .... 20 fr.

GRANDS PRIX D'ARCHITECTURE, suite de projets donnés en concours par l'Institut de France pour le prix de Rome, et par l'École des Beaux-Arts pour les concours mensuels. 4 vol. grand in-folio de 120 planches chacun, gravées au trait.

Premier volume, par M. VANCLEEMPUTTE, années 1779 à 1786 (épuisé)..... 60 fr.

Deuxième volume, par M. DÉTOURNELLE, années 1791 à 1805 (épuisé)..... 60 fr.

Troisième volume, par VAUDOYER et BALTARD père et fils .... 100 fr.

Quatrième volume, par Victor BALTARD, membre de l'Institut.......... 100 fr.

RECUEIL DE DESSINS, par MM. HOFFMANS et KELLERHOVEN. 2 vol. in-folio.

Prix..................... 200 fr.

ÉGLISES ET CHATEAUX DE LA VENDÉE, DU MAINE ET DE L'ANJOU, par M. le baron de WISMES. 1 vol. in-fol., 50 pl. 1/2 jésus.
Prix en feuilles .. .. 75 fr.
1 vol. in-folio relié, les planches montées sur onglets. Prix......... 85 fr.

BATIMENTS DE STATIONS ET MAISONS DE GARDE, par M. J. P. CLUYSENAAR. 1 vol. in-4°, 33 planches imprimées en chromolithographie, avec texte.
Prix...................... 30 fr.

MAISONS DE CAMPAGNE, CHATEAUX, FERMES, MAISONS DE JARDINIER, GARDE-CHASSE, OUVRIERS, etc., par M. J. P. CLUYSENAAR. 1 vol. in-4°, 50 planches imprimées en couleur, avec texte explicatif.
Prix...................... 40 fr.

MAISONS DE CAMPAGNE, HABITATIONS RURALES, CHATEAUX, FERMES, PLANS DE JARDINS DE FRANCE, D'ANGLETERRE ET D'ALLEMAGNE, DÉCORATIONS DE JARDINS, etc., par M. J. Ch. KRAFFT. 1 vol. grand in-folio composé d'un texte et de 292 planches.
Prix, cartonné .... 80 fr.

PETITES MAISONS DE VILLE ET DE CAMPAGNE, par MM. DUVAL, KAUFFMANN, RENAUD, présentées en plans, coupes, élévations, détails de construction, détails de décoration intérieure et extérieure, etc., gravées au trait d'après les dessins originaux communiqués par MM. les architectes; contenant, en outre, des plans de jardins et de décorations, comme pavillons, grottes, balançoires, etc.— 60 planches in-folio, avec texte.
Prix...................... 20 fr.

LE BOIS DE BOULOGNE ARCHITECTURAL, par M. Th. VACQUER. 30 planches in-folio et un plan général du bois, accompagné d'un texte explicatif.
Prix...................... 45 fr.

HABITATIONS OUVRIÈRES ET AGRICOLES, par M. E. MULLER. 1 vol. grand in-8°, accompagné d'un atlas de 45 planches in-folio.
Prix.. .... 40 fr.

CHOIX DES PLUS JOLIES MAISONS DE PARIS ET DE SES ENVIRONS, par MM. Ch. KRAFFT et THIOLLET, architectes. Édifices et monuments publics présentés en plans, coupes et détails de construction. 158 planches gravées au trait, accompagnées d'un texte. Ouvrage terminé par 60 planches gravées, représentant les portes cochères et portes d'entrée des maisons particulières et édifices publics de Paris. 1 vol. grand in-folio de 218 planches.
Prix...................... 50 fr.

FERMES MODÈLES, par M. ROUX aîné. 60 pl. in-folio, avec texte.
Prix.... .... 20 fr.

CATHÉDRALE DE BAYEUX, par MM. H. DE DION et L. LASVIGNES. 1 beau vol. grand in-4° de 13 feuilles de texte, avec 5 bois intercalés et 25 planches gravées dont 4 doubles.
Prix...................... 30 fr.

FONTAINES MONUMENTALES construites à Paris et projetées pour la ville de Bordeaux, par M. Ludovic VISCONTI, architecte.
16 planches grand in-folio colombier, gravées sur acier, et 11 feuilles de texte explicatif, en feuilles.. .... 70 fr.
En carton.............. ...... 75 fr

ANTIQUITÉS D'ATHÈNES ET DE L'ATTIQUE, par MM. STUART, REVETT et HITTORFF. L'ouvrage complet se compose de 251 planches in-folio imprimées sur beau papier demi-raisin, et de 388 pages de texte même format.
5 vol. in-folio. Prix, en feuilles.. 150 fr.
— reliés.. . 180 fr.
Le cinquième volume a été traduit par M. Hittorff, architecte, membre de l'Institut, et toutes les planches qui le composent ont été dessinées par cet habile artiste.

ÉDIFICES DE ROME MODERNE, dessinés, mesurés et décrits, par M. Paul LETAROUILLY, architecte du gouvernement. Cet ouvrage se compose de 3 volumes grand in-folio colombier, formant 355 planches gravées, avec le portrait de l'auteur et le plan de Rome; il est accompagné de 3 tomes de texte en 1 volume in-4°, d'environ 800 pages, ornés de gravures sur bois.
Prix...................... 360 fr.
Cartonné, dos de toile......... 390 fr.

HOTEL DE VILLE DE PARIS, par M. Victor CALLIAT. 2 atlas demi-grand aigle, de 44 planches représentant les plans, façades, coupes et détails de construction, et d'une planche donnant le sceau de la ville de Paris et cinq culs-de-lampe................ 150 fr.
Le supplément seul, 17 planches, dont deux chromolithographiées, et texte. 45 fr.

CHOIX DES PLUS CÉLÈBRES MAISONS DE PLAISANCE DE ROME, par MM. PERCIER et FONTAINE. Texte et planches imprimés sur beau papier de Hollande.
Prix...................... 100 fr

CHOIX D'ÉDIFICES PUBLICS construits ou projetés en France, extraits des archives du Conseil des bâtiments civils, publiés avec l'autorisation du ministre de l'intérieur, par MM. GOURLIER, BIET, GRILLON et TARDIEU. 3 volumes in-folio contenant 388 planches.
Prix...................... 268 fr.

PLAN DE ROME, par M. P. LETAROUILLY. Une feuille colombier gravée.

Prix. . . . . 8 fr.

Cartonné . . . . 10 fr.

PARALLÈLE DES PRINCIPAUX THÉATRES MODERNES DE L'EUROPE et des machines théâtrales françaises, allemandes, anglaises, dessins par M. Clément CONTENT, architecte ; texte par J. DE FILIPPI. 2 volumes in-folio.

Prix. . . . . 160 fr.

TRAITÉ DE L'ART DE LA CHARPENTE, par MM. RONDELET et THIOLLET. 2 vol. grand in-folio, 255 planches et texte, cartonné.

Prix. . . . . 90 fr.

ÉTUDES RELATIVES A L'ART DES CONSTRUCTIONS, par M. L. BRUYÈRE. Grand in-folio de 184 planches, avec texte explicatif publié en 12 recueils.

Prix. . . . . 90 fr.

Cartonné. — Prix. . . . . 100 fr.

LES DIX LIVRES D'ARCHITECTURE DE VITRUVE (avec les notes de Perrault), par MM. E. TARDIEU et A. COUSSIN fils. 3 vol. grand in-4°, y compris l'atlas de 94 planches.

Prix, cartonnés en deux volumes. 35 fr.

NOUVEAU TRAITÉ DES CINQ ORDRES D'ARCHITECTURE, d'après J. A. DE VIGNOLE, dessiné par M. DETOURNELLE, architecte, et gravé au trait par MM. Normand, Hibon, Rebault et Thierry. 1 vol. in-4° de 21 planches, avec texte.

Prix. . . . . 4 fr.

TRAITÉ DE LA PERSPECTIVE LINÉAIRE, par J. DE LA GOURNERIE. 1 vol. in-4°, avec atlas in-folio de 45 planches dont 8 doubles.

Prix. . . . . 40 fr.

LES TROIS AGES DE L'ARCHITECTURE GOTHIQUE, *son origine*, *sa théorie*, par MM. POPP et BULEAU. Ouvrage traduit de l'allemand et accompagné de 48 planches doubles de l'édition originale et d'une planche additionnelle complétant la théorie. 1 vol. grand in-folio, avec texte.

Prix. . . . . 50 fr.

RECUEIL D'ÉDIFICES D'ARCHITECTURE GOTHIQUE, ROMANE ET DE LA RENAISSANCE, par M. POLLET, architecte, suivi d'un Essai sur la décoration et l'ameublement des monuments de ces diverses époques, gravé par ROUX aîné. 1 vol. in-folio de 60 planches, avec texte.

Prix. . . . . 25 fr.

MARCHÉ SAINT-GERMAIN, plans, coupes, élévations et détails de construction, dessinés et mesurés par BLONDEL et LUSSON, architectes. 1 cahier in-folio de 11 planches, avec texte explicatif.

Prix. . . . . 6 fr.

FRAGMENTS ET ORNEMENTS D'ARCHITECTURE, dessinés à Rome d'après l'antique, contenant simples fragments avec le trait à côté ; chapiteaux, entablements, bases, corniches, détails, frises, coupes, vases, trépieds, etc., etc., par M. MOREAU. Cet ouvrage étant spécialement destiné à l'instruction, on y a joint les cotes et mesures à chaque sujet. Grand in-folio, 36 planches.

Prix. . . . . 24 fr.

CATHÉDRALE DE COLOGNE, par M. Sulpice BOISSERÉE.

Prix. . . . . 7 fr. 50

PORTES MONUMENTALES DE LA GRÈCE ET DE L'ITALIE, par M. T. L. DONALSON, architecte. Collection des exemples les plus estimés, précédée d'un Essai sur les usages des anciens, avec la traduction du chapitre de Vitruve sur ce sujet. Grand in-4°, 26 planches, avec texte.

Prix, broché. . . . . 6 fr.

ESSAI HISTORIQUE SUR LE PONT DE RIALTO, A VENISE, par M. RONDELET. Plans, coupes et détails, 12 planches in-4°, avec texte. Prix. . . . . 6 fr.

MUSÉUM D'HISTOIRE NATURELLE, serres chaudes, galeries de minéralogie, bâtiments des singes, serres anglaises, ménagerie, labyrinthe, pavillons, lavoirs, etc., etc., présentés en plans, coupes, élévations et détail. Travaux exécutés de 1833 à 1837, par M. ROHAULT DE FLEURY, architecte. 1 volume grand in-folio de 15 planches avec texte.

Prix . . . . 15 fr.

TOMBEAUX DE LOUIS XII ET DE FRANÇOIS Ier, plans, coupes, élévations et détails de ces deux monuments, dessinés et gravés d'après les marbres, par M. IMBARD, architecte. 1 vol. in-folio de 29 planches.

Prix. . . . . 12 fr.

FONTAINES DE PARIS, par MM. MOISY et NORMAND. Nouvelle édition. 48 planches gravées au trait. In-folio.

Prix. . . . . 12 fr.

LES CONSTRUCTIONS EN BOIS, par M. Louis DEGEN. 1 vol. petit in-folio, contenant 48 pl. imprimées en couleur, avec texte explicatif, traduit de l'allemand.

Prix. . . . . 32 fr.

SUPPLÉMENT AUX CONSTRUCTIONS EN BOIS, par M. L. DEGEN. 36 planches.

Prix. . . . . 26 fr.

LES CONSTRUCTIONS EN BRIQUES, par M. L. DEGEN. 1 vol. petit in-folio, contenant 48 planches imprimées en couleur, avec texte explicatif, traduit de l'allemand.

Prix . . . . 32 fr.

MODÈLES DE MENUISERIE, suivi d'un Abrégé de l'art de la menuiserie et d'un Traité des escaliers, dessinés par M. Bury, architecte, et Caussierre, professeur de trait; gravés par Normand, Thierry, Hibon et Olivier. 1 vol. in-folio de 72 planches, avec texte analytique.
Prix.... .... 20 fr.

NOUVEAU RECUEIL DE MENUISERIE et de décorations intérieures et extérieures (suite au précédent), par M. Thiollet, architecte. 1 vol. in-folio de 72 planches, avec texte.
Prix...................... 20 fr.

MODÈLES DE SERRURERIE, par M. Bury, architecte. Boutiques, balcons, balustrades, rampes d'escaliers, grilles, portes, réverbères, grilles d'églises, de théâtres et de tombeaux, fermes d'auvent, espagnolettes, serrurie de portes, etc. 57 planches in-folio, avec texte.
Prix, broché............... 16 fr.

MODÈLES DE SERRURERIE ET FONTE DE FER (suite au précédent), par M. Thiollet, architecte. 1 vol. in-folio, composé de 72 planches, avec texte explicatif.
Prix...................... 20 fr.

ART DU SERRURIER, par M. Hoyau, ingénieur mécanicien. 1 vol. in-folio de 17 planches, renfermant plus de 400 figures et 36 pages de texte explicatif.
Prix.......... .... 12 fr.

MONUMENTS FUNÉRAIRES choisis dans les cimetières de Paris et des principales villes de France, dessinés et gravés par L. Normand aîné. 1 vol. in-folio contenant 144 planches gravées au trait, avec une table explicative.
Prix, relié .... 100 fr.

LES PRINCIPAUX MONUMENTS FUNÉRAIRES *du Père-Lachaise et autres cimetières de Paris*, par MM. Rousseau et Lassalle. L'ouvrage est composé de 72 planches imprimées à deux teintes, relié, les planches montées sur onglets.
Prix...................... 45 fr.

LA MARBRERIE, par M. L. Gilbert. 120 pl. gravées renfermées dans un carton.
Prix...................... 90 fr.

MODÈLES DE MARBRERIE, par M. Bury, architecte, choisis en France et en Italie pour tout ce qui concerne l'intérieur des habitations et des monuments civils et religieux. 1 vol. in-folio de 72 planches.
Prix...................... 20 fr.

LES MONUMENTS FUNÉRAIRES, par M. G. G. Ungewitter. 1 vol. in-folio composé de 48 pl. gravées.
Prix................ ...... 40 fr.

LES CIMETIÈRES DE PARIS, par M. Quaglia, 24 planches grand in-folio.
Prix...................... 25 fr.

MANUEL DES LOIS CIVILES DU BATIMENT. Ce manuel a été élaboré et commenté par une Commission prise dans le sein de la Société centrale des architectes. Cet ouvrage comprendra en outre toutes les lois, ordonnances et arrêtés concernant la voirie ayant trait aux constructions. 1 vol. in-8, illustré de plus de 60 gravures sur bois.
Prix broché................ 7 fr. 50

LE THÉATRE ET L'ARCHITECTE, par Émile Trélat, architecte. In-8° de 120 pages.
Prix................ ..... 2 fr.

DES CONCOURS POUR LES MONUMENTS PUBLICS dans le passé, le présent et l'avenir, par M. César Daly, architecte du gouvernement, directeur-fondateur de la *Revue générale de l'architecture et des travaux publics*. Brochure grand in-8°.
Prix...................... 2 fr.

DU DIPLOME D'ARCHITECTE, par M. Adolphe Lance, architecte du gouvernement. État de la question. Comptabilité du diplôme et comment il pourrait être institué. Brochure in-8.
Prix...................... 2 fr.

EXPOSITION UNIVERSELLE DES BEAUX-ARTS. Architecture, par M. Adolphe Lance, architecte du gouvernement. Compte rendu. Brochure in-8.
Prix......... ... . 2 fr.

NOTICE SUR LA VIE ET LES TRAVAUX DE M. ACHILLE LECLERE, architecte, membre de l'Institut, par M. Adolphe Lance, architecte du gouvernement. Brochure in-8.
Prix... ... . 1 fr.

ABEL BLOUET, architecte, membre de l'Institut. Sa vie et ses travaux, par M. Adolphe Lance, architecte du gouvernement. Brochure in-8.
Prix...................... 1 fr. 25

RAPPORT fait par le Conseil de la Société centrale des architectes sur *l'assainissement des habitations insalubres*, par M. Adolphe Lance, architecte du gouvernement. In-8 de 72 pag.
Prix .... 1 fr. 25

ESTHÉTIQUE NOMBRÉE, application de l'*équation du beau* au discernement de la pureté des formes ou de l'harmonie des lignes d'une œuvre plastique, par M. Edouard Lagout.

Architecture nouvelle. Grand in-8 de 16 pages avec gravures (1862)..... 1 fr.
Id. Id. (1863)..... 1 fr.
La statuaire nouvelle (1863).... 1 fr.

EXCURSIONS EN ITALIE. Aix-les-Bains, Chambéry, Turin, Novare, Milan, Brescia, Vérone, Padoue, Venise, Murano, Torcello, le lac Majeur, le lac de Côme. 1 vol. in-8 de 300 pages.

Prix... . ... 3 fr. 50

Décoration, Sculpture, Ornementation, Arts industriels.

MOTIFS DE DÉCORATIONS, par MM. PETIT et BISIAUX. 50 planches en chromolithographie.

Prix, relié.... .... 100 fr.

FRAGMENTS D'ARCHITECTURE ET DE SCULPTURE dessinés d'après nature et autographiés, par M. G. BOURGEREL.

1 vol. in-4° en feuilles 1/4 colombier, 101 planches.

Prix.................... 50 fr.

Relié, les planches montées sur onglets 60 fr.

EXEMPLES DE DÉCORATIONS, par M. L. GAUCHEREL. 1 vol. in-4° jésus, composé de 121 planches gravées sur acier, avec texte, titre et table.

Prix, cartonné. .... 60 fr.

DÉCORATIONS INTÉRIEURES, ÉPOQUE LOUIS XVI, frises, dessus de portes, panneaux, devants de cheminée, etc. 20 planches gravées sur cuivre, par Fr. M. QUEVERDO, imprimées sur papier de Chine. 1 vol. petit in-folio relié.

Prix.................. . 30 fr.

COLLECTION DE VASES LOUIS XVI, gravées par CH. NORMAND. 10 planches originales in-4 raisin imprimées sur chine.

Prix en feuilles............. 10 fr.

DÉCORATIONS INTÉRIEURES (époques renaissance et Louis XIV), de Jean BÉRAIN, lithographiées par M. ARNOUT père, représentant des panneaux, arabesques, frises, cheminées ornées avec glaces, trumeaux, meubles, candélabres, vases, serrurerie, etc.

30 planches in-folio.

Prix, cartonné.............. 30 fr.

VUES DES RUINES DE POMPÉI, d'après l'ouvrage publié à Londres, en 1819, par WILLIAM GELL et J. P. GANDY, architectes, sous le titre de *Pompeiana*. Un volume grand in-4° de 125 planches sur papier vélin, gravées par M. ROUX aîné, avec texte historique et descriptif.

Prix...................

COLLECTION DES PLUS BELLES COMPOSITIONS DE LEPAUTRE, par MM. DECLOUX et DOURY. 1 beau vol. in-fol. relié, contenant 100 planches gravées.

Prix........ .... 60 fr.

LA SAINTE CHAPELLE DU PALAIS, A PARIS, histoire archéologique, descriptive et graphique, par MM. DECLOUX, architecte, et DOURY, peintre.

Prix de l'ouvrage, texte et planches, petit in-folio, renfermés dans un carton.. 70 fr.

L'ART INDUSTRIEL, par M. Léon FEUCHÈRE. 1 vol. in-folio, composé de 73 planches gravées.

Prix.. .... 72 fr.

OEUVRES DE JOUANÈS BÉRAIN. 50 planches in-folio.

Prix......... .... 50 fr.

WAGONS COMPOSANT LE TRAIN IMPÉRIAL. Édition de luxe, tirée à 200 exemplaires, composée de 7 planches gravées sur acier, de 6 exemples de peinture reproduits par la chromolithographie, et d'un texte.

Prix...................... 30 fr.

RECUEIL DE SCULPTURES GOTHIQUES, par M. ADAMS. 2 vol. in-4°, contenant chacun 96 planches gravées. Chaque volume se vend séparément :

Sur papier blanc.... .... 72 fr.

Sur papier de Chine.......... 96 fr.

LES ORNEMENTS DU MOYEN AGE, par M. Ch. HEIDELOFF. 200 planches gravées contenues dans un carton et accompagnées d'un texte explicatif.

Prix............... ..... 130 fr.

FRAGMENTS ANTIQUES DE SCULPTURES, par MM. PERCIER et FONTAINE. 25 planches 1/4 jésus.

Prix, cartonné............ 20 fr.

LES BAS-RELIEFS DU DOME D'ORVIÉTO, par M. Vincenzo SPONTANI. 1 vol. in-folio oblong, composé de 80 planches, avec un texte explicatif.

Prix, sur papier blanc avec teinte. 125 fr.

LES PROPORTIONS DU CORPS HUMAIN, mesurées sur les plus belles figures de l'antiquité et gravées par M. Gérard AUDRAN.

Ouvrage utile à tous les peintres, sculpteurs, dessinateurs, etc.

1 vol. in-folio de 30 planches gravées, avec texte explicatif, édition originale.

Prix .... 9 fr.

CENT STATUES dessinées et gravées à Rome en 1638, par PERRIER. 1 vol. in-4°.

Prix, en carton.............. 25 fr.

OEUVRES DE FLAXMAN, sculpteur anglais, comprenant l'Iliade et l'Odyssée d'Homère, les Jours, la Théogonie d'Hésiode et les tragédies d'Eschyle, auxquels on a joint les tragédies de Sophocle. 140 planches in-folio gravées avec texte.

Prix. .... 30 fr.

LES LÉGISLATEURS ET LES ROIS DANS LA SALLE DU TRONE ROYAL, A DRESDE, exécutés par E. BENDEMANN. 1 joli album in-folio de 16 planches gravées par E. Goldfriedrich et imprimées sur papier de Chine, représentant les figures en pied de Solon, Lycurgue, Zoroastre, Moïse, David, Salomon, Alexandre le Grand, Numa, Constantin le Grand, Charlemagne, Henri et son fils Otton, Conrad II, Frédéric Ier, Barberousse, Rodolphe Ier, Maximilien Ier et Albert le Courageux.

Prix.......................... 30 fr.

SCULPTURES, BAS-RELIEFS ET STATUES, tirés du musée des antiques, et d'après Jean Goujon, Germain Pilon, etc.

1 vol. in-folio, contenant 30 planches dessinées et gravées par VAUTHIER et LACOUR.

Prix, cartonné .... 25 fr.

STALLES DU CHOEUR DE LA CATHÉDRALE D'AUCH, texte et dessins, par M. L. SANCET, gravées par M. Aug. GUILLAUMOT et sous sa direction. L'ouvrage contient un grand choix d'ensembles et de détails de sculptures offrant aux artistes de nombreux documents pour l'exécution de leurs travaux. 60 planches petit in-folio renfermées dans un carton.

Prix, relié.................. 52 fr.

ORNEMENTS TIRÉS DES QUATRE ÉCOLES. 410 planches in-4° divisées en quatre séries renfermées dans deux cartons.

Prix .... 120 fr.

MEUBLES DU MOYEN AGE, par M. G. G. UNGEWITTER. 1 volume in-folio, composé de 48 planches gravées.

Prix.. .... 40 fr.

NOUVEAU PORTEFEUILLE DE L'ORNEMANISTE, par MM. PETIT et BISIAUX. 50 planches, dont 5 en chromolithographie.

Prix, relié . ... 60 fr.

L'ORNEMENTATION AU XIXe SIÈCLE, par M. Michel LIENARD. 13 planches gravées, de 72 centimètres sur 55.

Prix...................... 30 fr.

RECUEIL D'ESTAMPES, par M. R. PFNOR. 1 vol. in-fol. de 72 planches gravées.

Prix.... .... 72 fr.

LE DESSINATEUR POUR ÉTOFFES, par M. Franz BOCK. 12 planches grand in-folio.

Prix......................... 30 fr.

LES CARRELAGES ÉMAILLÉS DU MOYEN AGE ET DE LA RENAISSANCE, par M. Émile AMÉ. 1 vol. grand in-4° de 400 pages, 60 dessins et 90 planches imprimées en couleurs.

Prix......................... 60 fr.

ORNEMENTS HISTORIQUES. 150 planches, par RIESTER. 1 vol. in-4°, cartonné.

Prix......................... 60 fr.

MEUBLES ET ARMURES DU MOYEN AGE ET DE LA RENAISSANCE, par M. ASSELINEAU. 2 vol. in-folio, 186 planches.

Prix......... .... 186 fr.

MANUEL DE L'HISTOIRE DE LA PEINTURE, écoles allemande, flamande et hollandaise, par G. F. WAAGEN, directeur de la galerie royale de tableaux à Berlin, traduction par MM. Hymans et T. Petit.

3 vol. in-8, prix.............. 21 fr.

Beaux-arts, Archéologie.

HISTOIRE DE LA PEINTURE SUR VERRE, par MM. E. LÉVY et J. B. CAPRONIER. 2 vol. in-4°, renfermant 37 planches, dont la plupart sont lithographiées en couleurs.

Prix......... .... 135 fr.

ANNALES ARCHÉOLOGIQUES, par M. DIDRON aîné. 22 volumes ont paru.

Prix de chaque volume......... 25 fr.

SAINTE-MARIE D'AUCH, par M. l'abbé F. CANETO. Un volume in-folio de 160 pages. Texte historique et descriptif, orné de plus de 80 vignettes, et un atlas de 40 planches, même format.

Prix....................... .. 60 fr.

CITÉS ET RUINES AMÉRICAINES, MITLA, PALENQUE, IZAMAL, CHICHEN-ITZA, UXMAL, recueillies et photographiées, par M. Désiré CHARNAY; avec un texte in-8, par M. VIOLLET-LE-DUC, architecte du gouvernement, et M. Ferdinand DENIS, conservateur à la Bibliothèque Sainte-Geneviève. Ouvrage dédié à S. M. l'Empereur Napoléon III et publié sous le patronage de Sa Majesté.

L'ouvrage se compose de :

1 volume de texte grand in-8 d'environ 400 pages, orné de bois gravés; le texte se vend séparément 12 fr.

Un atlas grand in-plano, composé de 49 planches photographiques.

Prix, texte et atlas.. .... 500 fr.

DESCRIPTION ARCHÉOLOGIQUE DES MONUMENTS DE PARIS, par M. DE GUILHERMY. Nouvelle édition.

Prix.......................... 6 fr.

CARTULAIRE DE L'ABBAYE DE NOTRE-DAME DE LA ROCHE, par MM. Auguste MOUTIÉ et M. NICOLLE. 1 vol. in-4° de texte et un atlas de 40 planches.

Prix, texte et atlas........... 60 fr.

DESCRIPTION DE NOTRE-DAME DE PARIS, par M. DE GUILHERMY. 1 vol. in-12, cartonné à l'anglaise.

Prix.......................... 3 fr.

Édition de luxe, format grand in-8°.

Prix.......................... 5 fr.

LES PAVILLONS DU LOUVRE, par BALDUS. Très-belles photographies.

Prix de chacune de ces photographies........................ 35 fr.

LES TRÉSORS SACRÉS DE COLOGNE, par Franz BOCK. Un volume in-8° de 25 feuilles et 48 planches imprimées avec teinte.

Prix, broché.................. 40 fr.
Demi-reliure d'amateur........ 50 fr.

LES SAINTS ÉVANGILES, par M. F. OVERBECK. Album oblong, avec texte en quatre langues : anglais, français, latin, allemand. 40 gravures sur papier de Chine.

Prix...................... 120 fr.

LES VIERGES DE RAPHAEL. Très-bel album in-folio de 12 gravures au burin.

Prix, sur papier blanc......... 90 fr.
Sur papier de Chine........... 120 fr.

STATUTS DE L'ORDRE DU SAINT-ESPRIT. L'ouvrage, de format demi-grand raisin, tiré sur magnifique papier Bristol, se compose de 17 planches imprimées en or et en couleurs, et de 36 pages de texte.

Prix........................ 100 fr.

LES VOSGES, 20 dessins d'après nature, par M. J. J. BELLEL. In-folio.

Prix, cartonné................. 50 fr.

DICTIONNAIRE TECHNOLOGIQUE, par GARDISSAL et THOLHAUSEN. Ce dictionnaire comprend les termes techniques employés dans les arts et l'industrie, et consacrés par la pratique, en français, en anglais et en allemand.

1er volume, français, anglais, allemand.
2e — anglais, allemand, français.
3e — allemand, anglais, français.

Les volumes 2 et 3 se vendent chacun séparément 7 fr.

Prix des 3 volumes........... 18 fr.

Mécanique. Publications industrielles.

L'OUVRIER MÉCANICIEN, à l'usage des contre-maîtres, conducteurs de travaux et industriels, par M. ARMENGAUD jeune.

Prix .... 4 fr.

NOUVEAU COURS RAISONNÉ DE DESSIN INDUSTRIEL, *appliqué principalement à la mécanique et à l'architecture*, par MM. ARMENGAUD frères et AMOUROUX. Un atlas de 45 planches gravées sur cuivre, in-folio; 1 vol. de texte, in-8° jésus.

Prix, broché................. 25 fr.

COURS ÉLÉMENTAIRE DE DESSIN LINÉAIRE, *à l'usage des écoles primaires*, par MM. ARMENGAUD frères. Atlas de 28 planches gravées sur acier, avec texte explicatif.

Prix, broché.................. 7 fr.

ÉTUDES COMPLÈTES D'OMBRES ET DE LAVIS, par MM. ARMENGAUD frères. 12 planches in-folio gravées et texte de même format.

Prix...................... 15 fr.

TRAITÉ THÉORIQUE ET PRATIQUE DES MOTEURS HYDRAULIQUES, comprenant la construction des roues et turbines hydrauliques de divers systèmes, par M. ARMENGAUD aîné, ingénieur. 1 vol. de texte in-4° de 500 pages, avec un grand nombre de gravures sur bois, et un atlas de 21 planches gravées sur cuivre.

Prix, broché................. 25 fr.

TRAITÉ THÉORIQUE ET PRATIQUE DES MOTEURS A VAPEUR, comprenant l'établissement des générateurs ; l'étude complète des moteurs à vapeur fixes de tous les systèmes, des locomobiles, des locomotives et des appareils de navigation, par M. ARMENGAUD aîné, ingénieur. 2 vol. de 500 pages de texte chacun, avec un grand nombre de gravures sur bois, et 2 vol. atlas de 25 planches chacun, gravées sur cuivre.

Prix de chaque volume, broché. 30 fr.

GUIDE MANUEL DE L'INVENTEUR, DU BREVETÉ ET DU FABRICANT, par M. ARMENGAUD jeune.

Prix....................... 5 fr.

FORMULAIRE DE L'INGÉNIEUR, par M. ARMENGAUD jeune.

Prix, broché.................. 4 fr.
En carnet..................... 5 fr.

INSTRUCTIONS PRATIQUES A L'USAGE DES INVENTEURS, formalités à accomplir en tous pays pour obtenir la concession de patentes ou brevets d'invention, par MM. ARMENGAUD aîné et J. MATHIEU, ingénieurs civils. 1 petit vol. in-8° raisin.

Prix....................... 2 fr.

CONSTRUCTION DES PONTS MÉTALLIQUES, par MM. L. MOLINOS et C. PRONNIER.

1 volume in-4°, illustré d'un très-grand nombre de gravures sur bois et de planches sur acier, accompagné d'un grand atlas de magnifiques gravures, contenant 48 demi-feuilles grand aigle.

Prix...................... 125 fr.

CHEMIN DE FER DE LYON A LA CROIX-ROUSSE, description des travaux et du matériel fixe et roulant, par MM. L. MOLINOS et C. PRONNIER, ingénieurs. L'ouvrage se compose d'un texte et d'un atlas réunis. Les planches, au nombre de 10, formant 21 feuilles 1/2 raisin, donnent l'ensemble et les détails à grande échelle des travaux d'art. Le texte et l'atlas brochés.

Prix....................... 30 fr.

Paris. — Impr. de E. MARTINET, rue Mignon, 2.

OUVRAGES DU MÊME AUTEUR.

DICTIONNAIRE RAISONNÉ DE L'ARCHITECTURE FRANÇAISE DU XIe AU XVIe SIÈCLE.

Prix des 6 volumes publiés, contenant 2839 bois gravés :

1er volume	21 fr.
2e, 3e, 4e volumes, chacun	24 fr.
5e volume	25 fr.
6e volume	24 fr.
Ensemble	142 fr.

Édition de luxe, tirée à 100 exemplaires sur papier jésus, grand in-8, 6 volumes .... 262 fr.

Les trois volumes qui restent à publier, dont un de tables, paraîtront par fascicules brochés de 100 pages environ.

Premier fascicule broché du 7e volume, illustré de 50 vignettes gravées sur bois. Prix .... 4 fr.

Édition de luxe .... 8 fr.

DICTIONNAIRE RAISONNÉ DU MOBILIER FRANÇAIS, DE L'ÉPOQUE CARLOVINGIENNE A LA RENAISSANCE. En vente la première partie : *Meubles*.

1 vol. in-8, contenant 442 pages de texte, dans lequel sont intercalés plus de 220 bois, 4 vignettes gravées sur acier, 17 gravures sur bois imprimées à part, et 7 chromolithographies. — Prix .... 45 fr.

Edition de luxe, tirée à 100 exemplaires, numérotés de 1 à 100, sur papier jésus grand in-8. — Prix .... 75 fr.

La 2e partie, qui formera également 1 vol., comprendra les *ustensiles, outils, instruments, orfévrerie, habits, armes*, etc.

ENTRETIENS SUR L'ARCHITECTURE. La première partie, comprenant les dix premiers entretiens, se compose :

1° D'un volume broché de 61 feuilles in-8, dans lequel sont intercalés 97 bois et 10 dessins tirés hors texte.

2° D'un atlas petit in-folio oblong, en carton, contenant 18 planches gravées sur acier.

Prix .... 40 fr.

La deuxième partie se composera de 10 à 12 entretiens. Le prix de chaque entretien sera fixé au moment de la mise en vente.

DESCRIPTION DU CHATEAU DE COUCY, nouvelle édition entièrement refondue. Brochure in-8 illustrée de 5 vignettes gravées sur bois........ 1 fr. 25

LETTRES SUR LA SICILE, à propos des événements de juin et juillet 1860, in-8, illustrées de 10 dessins gravés sur bois et d'une carte de la Sicile. Prix .... 3 fr. 50

LETTRES ADRESSÉES D'ALLEMAGNE à M. Adolphe Lance, architecte, opinions ou observations sur l'Architecture et les Monuments de ces diverses contrées. In-8 de 101 pages .... 2 fr.

CITÉ DE CARCASSONNE (Aude), brochure grand in-8 illustrée de six vignettes gravées sur bois .... 2 fr.

Paris. — Imprimerie de E. Martinet, rue Mignon, 2.

www.ingramcontent.com/pod-product-compliance
Ingram Content Group UK Ltd.
Pitfield, Milton Keynes, MK11 3LW, UK
UKHW021948260726
13994UKWH00004B/1621

9 782019 708863